刘建辉 著

邮史钩沉寻初心

——邮票发行工作的实践与思考

人民邮电出版社

北 京

图书在版编目（CIP）数据

邮史钩沉寻初心：邮票发行工作的实践与思考 / 刘建辉著. -- 北京：人民邮电出版社，2018.5
ISBN 978-7-115-48315-7

Ⅰ. ①邮… Ⅱ. ①刘… Ⅲ. ①邮票－邮政管理－研究
－中国 Ⅳ. ①F632.1

中国版本图书馆CIP数据核字(2018)第068401号

内 容 提 要

本书作者系近二十年邮票发行与变革的亲历者，该书以讲故事的方式，首次披露了我国改革开放以来，促进邮票发行工作科学化、规范化、民主化的一些重大决策；重大题材邮票的策划、设计内幕；邮票设计家的传奇经历，以及我国著名大龙邮票、红印花加盖等邮票背后的精彩故事。文章语言轻松，故事性强，可读性强，适合广大集邮爱好者、邮政从业者阅读。

◆ 著　　　　刘建辉
　　责任编辑　苏　萌
　　责任印制　彭志环
◆ 人民邮电出版社出版发行　　北京丰台区成寿寺路 11 号
　　邮编　100164　电子邮件　315@ptpress.com.cn
　　网址　http://www.ptpress.com.cn
　　北京捷迅佳彩印刷有限公司印刷
◆ 开本：720×960　1/16
　　印张：14　　　　　　　　　　2018 年 5 月第 1 版
　　字数：195 千字　　　　　　　2018 年 5 月北京第 1 次印刷

定价：68.00 元

读者服务热线：(010)81055339　印装质量热线：(010)81055316
反盗版热线：(010)81055315

序 言

2017 年上半年，没有动笔，自己给自己放了个假。前年年底，第二本书发行后，就有了喘口气的想法。人，就有这么个特点，精神上一松，整个身心就懈怠下来。不知不觉中，半年过去了。

2017 年 6 月初，《集邮》杂志的编辑苏萌打来电话："刘老师，您可半年都没写文章了，'邮史钩沉'都断档半年啦！"苏萌的这个电话把我从懈怠中拉回来。是啊，该活动活动了。最近看到一个权威资料，如果一个人两个月不动，大腿肌肉就会迅速萎缩；如果半年不动，基本上就没有恢复的可能了。多可怕呀！我想，大脑不用，当然不会肌肉萎缩，但阿尔兹海默症恐怕会找上门来。这不，我从 6 月底开始，重新上路。到"十一"长假，不知不觉中已有 20 篇文章封笔，其中一部分已分别在《集邮》《集邮博览》《中国集邮报》等报纸杂志上发表。当然，"邮史钩沉"也有了续篇。

这本书的内容，大致可分为两个部分，前面的十几篇文章主要是介绍邮票发行工作背后的一些故事，如《邮票

发行工作的"兰德"现象——记邮电部邮票图稿评审委员会的创立》《热血洒大地　方寸铸英魂——我党我军早期领导人邮票的发行始末》《<中国人民解放军大将>纪念邮票发行始末》《从一次会议纪要看邮票图稿评审》《"知识青年在农村"邮票设计始末》《把防伪的武器交给老百姓——原国家邮政局邮资票品司加大邮票防伪力度的思路》《关于2003年和2004年小版邮票的发行始末》《一枚邮资信卡引发的风波》等。

　　后面的一些文章，有一篇是讲述我在北京四合院里的童年生活，其余几篇则是出于多年来对邮政和邮政人的那份情感，可以说用激情撰写了《脚步——王虎鸣邮票设计艺术轨迹扫描》《"青鸟"赞》《圆》《北极村邮局的姐妹们》以及《嘱托》等文章。特别是《北极村邮局的姐妹们》这篇文章，本来没有采访任务的我，在一次与北极村邮局的不经意接触间，被她们的事迹深深地感动。

　　北极村的夏天，是个繁忙的季节。天南海北的旅游者，组团的、自驾的，还有数不清的背包客，把小小的北极村塞得满满的。盖一枚北极村邮局的邮戳，发一封从祖国最北端寄出的信，这是几乎所有到北极村来的游客离开前必不可少的功课。邮政支局是清一色的娘子军,为了圆所有游客的这个愿望,只要支局所内还有一位游客办理业务,门就不关,班就不下。往往送走了最后一位用户,时针已经划过 23 点。

襁褓中的婴儿,是妈妈的心肝宝贝。孩子到点吃奶,天经地义。可年岁最小的营业员妈妈,有个一周岁的娃,往往一忙,方寸就乱,居然把喂奶的大事忘得一干二净。每次都是婆婆来电话催,这丫头才回过神来,一吐舌头,赶紧往家跑。这么一群娘子军就像烙铁一样,深深印在了我的脑子里。回到北京,就像有一条鞭子抽着我,督促着我,让我不能自拔。第二天,反复冲撞大脑的一个个娘子军成员,终于演化为3000多字的一篇文章。当打完了键盘上最后一个汉字后,身心才豁然被释放。

我想,邮政基层有这么一支娘子军是值得骄傲的。她们的事迹不知道邮政的高层是否知道?她们的事迹能不能在全国邮政部门中进行一次宣传?曾经搞过三年邮政工会工作的我,看到这样优秀的基层班组,推荐评优创先的职业病又犯了。文章落笔后,我立马给中国邮政集团公司的党组书记、总经理李国华写了一封推荐信。

国华总：

　　您好！最近我去了一趟黑龙江，无意中对漠河北极村邮局做了一次采访。北极村邮局的女职工们表现出来的敬业精神、用户至上精神、优异的团队精神，以及她们为发展业务表现出来的自我牺牲精神，深深感动着我。回来后，赶写了一篇文章，呈上请阅。我个人建议，北极村邮局这个典型，应该好好挖掘、宣传一下。

　　李国华总经理看到这封信和文章后，很快做了批示：

　　刘建辉同志作为一个老邮政人，充满了对邮政的感情。他最近到黑龙江漠河北极村做了一次采访。从他采访的情况来看，北极村邮局的职工们以局为家、爱岗敬业、不畏艰难、开拓进取，以优质的服务在边陲小镇上诠释了中国邮政普遍服务的意义，以良好的业绩彰显了可敬、可亲、可爱的基层邮政人的风采。向漠河邮局的同志们致敬！

　　（全文发《中国邮政报》）

　　　　　　　　　　　　　　　　　　　李国华

　　　　　　　　　　　　　　　　　2017 年 8 月 31 日

李国华总经理的批示和文章，传到漠河北极村邮局后，令这支"娘子军"无比兴奋和激动。她们感谢李国华总经理充满深情的表扬和问候。漠河邮政局的周局长特意打来电话，代表漠河邮政局的全体员工感谢李国华总经理和党组的亲切问候，并表示一定不辜负领导的期望，继续在北国雪乡履行好普遍服务的义务，为边疆的繁荣发展贡献全部力量。

　　文章中，还有一篇题目为《假邮票挑战中国邮政底线》的文章。严格来讲，这篇文章既不属于"揭秘"，也不属于后面的散文类型，但又是在 2017 年完成的作品，权且算作"工作建议"吧。

　　假邮票，就是看似风平浪静的通信市场里暗流汹涌的一股祸水。假邮票的出现，可以追溯到 20 世纪 80 年代中期。改革开放以后，随着人们对文化生活的渴求，收藏邮票成为一些大城市老百姓的首选。当一些经典邮票的价格不断攀升后，一些不法分子的眼睛盯在了制作假邮票上。他们在北京郊区、河北廊坊、浙江温州等地，利用私人印刷厂中的设备，仿造当时市场上的热点邮票和经典邮票。他们利用当时人们对假邮票防范意识不强或缺乏辨别假邮

票的相关知识，用这些假邮票来赚取黑心钱。

进入 21 世纪以来，特别是近一两年，仿造假邮票的现象大有蔓延之势。除了一些经典邮票如《庚申年》《从小爱科学》等之外，一般的纪念邮票和特种邮票，甚至普通邮票都成为造假者的目标。从 2016 年发现的假邮票来看，无论是涉及的品种还是查到的数量，都已达到惊人的程度。

据北京邮政的冯涛同志向我介绍，在 8 个月的时间里，他就查出了面值 10 多万元的假邮票。在这批假邮票中，图案种类多达 96 种；面值从 50 分到 800 分，有 10 种之多。

假邮票就是这样疯狂地侵蚀着邮政的机体，吞噬着邮政员工的血汗，让百年邮政蒙羞！难道邮政的各级领导不知道？员工也默不作声？经向冯涛了解，原来假邮票随着印刷设备的更新和制作技术的精细，如果不借助专用工具，肉眼很难辨别。特别是基层的员工，没有这方面的专业知识，也让这些假邮票成为堂而皇之进入邮政的漏网之鱼。

这样严重的问题，必须使高层领导知道，必须综合治理，才能打掉这个毒瘤。那么怎样才能引起领导的关注呢？我决定写一篇"情况反映"。

写好后，用什么题目呢？用签报形式，不行；用平铺直叙的方式，也不行，都没有冲击力。一定要用"辣"眼睛的题目才有冲击力，才能在第一时间引起领导们的注意。终于，一个大胆的题目进入脑际："假邮票挑战中国邮政底线"。第二天，我将这篇情况反映分别寄给了中国邮政集团公司总经理李国华和国家邮政局局长马军胜。

果不其然，这两封信得到了领导们的高度重视。李国华总经理和马军胜局长分别在我撰写的情况反映上做了批示，并责成相关部门立即着手进行调研，提出解决方案。两个单位的专门调研组已分别前往 6 个省展开调研。

作为一名老邮政职工，我早已把对邮政的情结融化在心中。听到这个消息，您说，我能不高兴吗？能为邮政的发展做点事，乐意，值得！

本书的最后有一篇评论，作者是大名鼎鼎的军旅集邮家——刘格文。格文是我多年的好友，粗粗算来，我们相识起码也有 20 多年了。格文文笔好，好思考。军报的很多大文章都出自他手。格文退休时已是少将军衔、军报副总编辑。这也是对他多年敬业、奉献的一种肯定吧。

格文除了在军报尽职尽责，他对邮市的健康发展和对邮人的关爱，也是尽心尽力、尽职尽责。所以，格文的大名在邮界是无人不知、无人不晓。这次承蒙格文不吝赐教，谨表深深的谢意。

以上文字，就作为自序吧。

目 录

我的自述

北大红楼对面有一条胡同叫新开路（即现沙滩南巷），我家就在新开路的最后一个四合院里，离家五六百米的地方是我的母校27中（原孔德中学），出了校门再走五六百米就是东华门的中国邮票公司。我每天放学后有两件事，一件是去体育场打篮球，另一件就是到东华门去看邮票。

一张"梅兰芳"小型张要3块钱，相当于一般工人一个月工资的十分之一，我那时看着这些诱人的邮票，眼馋啊！摸摸家里给的零花钱，只能买一些盖销票，不过那时也挺满足的。令我从未想到的是，一个从四合院里走出的少年集邮者，30多年后会走上邮票发行的管理岗位。

从临危受命到亲身经历并参与世纪之交邮政体制变革的整个过程，邮票带给我痛苦，也带给我深入骨髓的热爱。有人说，林中有两条路，你永远只能走一条，怀念另一条，而"情系方寸责所寄"大概是我对邮票感情的最好诠释，我的天平永远倾向于这一条路。

跨世纪变革

1998年3月28日，对于一向四平八稳的邮政系统来说，是一个开启变革的日子。这一天，经国务院批准正式成立了国家邮政局，结束了

自 1949 年中央人民政府成立以来邮电"混"营达 49 年的历史。

今天来看，那是中国邮政从此走上自主经营、独立经营道路的开始，但在当时来看，那并非一条康庄大道——"以电补邮"的日子彻底告终，70 万邮政员工从此要走上独立生存的艰难道路。

同年 10 月 25 日，我正式奉调到国家邮政局内设机构——邮资票品管理司就任司长。分营当口的邮政职工，普遍对前景充满忧虑：今后邮政的日子怎么过？工资收入会不会下降？各省邮电管理局的一把手几乎全部被分配到了电信部门，各省邮政的资产可以用惨不忍睹来形容：90% 以上的资产被分到了电信部门，80% 的员工被分到了邮政系统，这意味着要用 10% 的资产养活 80% 的邮政员工，而在 1997 年邮电"分"营之前，邮政业务的整体收入仅占整个邮电行业的 11.5%。

两极分化的现实下，原邮电部门的人千方百计挤破脑袋也要到电信去，甚至还发生过一件惨剧——1998 年 8 月 14 日，就在河南省封丘县邮政局举行挂牌仪式前，即将就任的一位领导同志出于没被分配到电信部门的不满，和对邮政未来发展的本能恐惧，在凌晨四点多跳楼自杀了。

除了邮政内部的萎靡情绪，邮政外部的环境也不妙。邮资票品发行市场正深陷着四大困境：其一是香港回归时原邮电部发行的"金箔小型张"，从 1997 年 7 月 1 日发行时的 120 元钱，仅仅半年内被炒到 500 元人民币后开始断崖式下跌，导致"邮市亢奋期"转眼变成了"大萧条"；其二是"97"狂潮过后，邮票市场一片肃杀，市场上邮票低面值的现象卷土重来；其三是数年前欧洲、美洲等传统集邮群体大幅萎缩的阴影，在国内已悄然出现；其四是国际上一些国家的邮政部门对邮票市场面临的形势积极进行研讨，少数对市场极其敏感的国家已经开始对邮票发行战略与策略进行调整，中国的邮票发行怎么办？

困难重重下，只有从改革和创新入手破局，而改革和创新是横在面前的一片盲区，没有可资借鉴的成功经验。怎么办？我和邮资票品司的同志们，开始了艰难的探索与实践。

改革和创新

我就任后的第一件事，就是对全国一级市场进行调研。当接到集邮管理处汇报的邮票发行量时，我发现了一个巨大的问题：1996 年和 1997 年的邮市狂潮引发邮票供应全面吃紧，随后扩大的发行量又遇到了 1998 年的市场寒冬，"供大于求"带来整个市场的票值下跌，而在国家邮政局刚刚独立运营、业务收入指标面临巨大压力之下，集邮管理处无奈做出了 1999 年维持邮票发行量不变的决定，看似不做减法，可以带来相应的业务收入，减轻国家邮政局开局的困境，但这对市场的打击无疑将是毁灭性的。

如果没有断臂求生的决心，整个局面将难以控制。我立刻向国家邮政局刘立清局长汇报了调研情况，局领导经过研究后决定调减发行量，我冒险提出要按 500 万的量进行调减，并且 500 万的单位不是"枚"，而是"套"，没想到却得到了肯定。这成了国家邮政局成立后邮票发行量调减的"第一刀"，并且一调就是 7 年。

到了 2004 年，我们的发行量已经从 5000 万套调减到 1300 万套，这样的调整让邮票市场真正从"供大于需"，走向"供需基本平衡"，整个市场开始回暖，当年军旅集邮家、《解放军报》副总编辑刘格文写了一篇文章，叫做《2003 年邮市"井喷"》，邮资票品司也概括出了邮票发行的八字经验——"宏观调控，总量适度"。

然而，这样的调整也带来了问题，发行数量的下降势必会导致收入的减少，而刚刚独立经营的国家邮政局面临巨大的收入压力。为了解决减量不减收的问题，我们摸索着采取了三个措施。

第一个措施就是引进"邮票个性化服务业务"，说引进，是因为这项业务并非中国邮政首创，它最早的创意者来自澳大利亚。

而真正引起我们注意的，是 2001 年 2 月在香港特区邮政署举办的新世纪第一次邮展。展会上一套"《我的祝愿》个性化邮票"边人头攒动，这款邮票并不是严格意义上的"个性化邮票"，只是利用邮票的附

票将个人的照片印上去，且现场只有一套设备，制作要花费 45 分钟，但这仍然不影响它成了整个展馆的热点，也让我们看到了它有可能带给我们的巨大价值。

返京后，我们立刻召集邮票印制局和中国集邮总公司一起商讨业务方案，同年 8 月，"邮票个性化服务业务"在第 21 届世界大学生运动会上试验并获得成功；从 2002 年开始，这项业务正式诞生。

但不同于中国香港地区，我们的业务不向个人开放，只面向企业、团体和学校。后者需求量大，成本低，客户稳定，大大延长了业务的成长期。一年下来，个性化邮票的定制达到了 1400 万～1800 万版，做成集邮册之后，总收入达到 7 亿～8 亿元，弥补了调减邮票发行量后相当一块的收入。

第二个措施是发行 2003 年和 2004 年小版邮票。这个决定跟我们到国外的考察经历相关，从 1999 年开始，邮资票品司陆续考察了德国、法国、日本、瑞士、美国等几个国家的邮票发行部门，这些国家的集邮人数都在锐减，发行量开始大幅度下调。

但日本邮政省负责邮票的官员告诉我，他们发现在发行小版邮票时需求量会变大，于是索性把所有的大版全改成了 10 枚一版的小版，结果很多原本购买一两套四方连的集邮者都转去买了小版邮票。这对我的启发很大。

回国之后，我亲自监督 2003 年和 2004 年小版邮票的设计，保证它的精美度，发行之后果然受到集邮爱好者的欢迎，虽然每套只有 50 万～80 万版的发行量，却反而提高了邮票收入。事实上，直到今天，2003 年和 2004 年小版的市场价格仍高达三四千元人民币，"司马光砸缸""木版年画"等精美的小版非常抢手。

第三个措施，就是分化年册发行种类和时间。每到年底，由于各省和中国集邮总公司的年册集中涌入市场，反而导致市场因承受不住而进入一年最低迷的时候。意识到了这个现象，我们开始将年册分化，一部分做成普通年册，另外一部分开发成企业形象年册。原本年会一过就成堆出现在垃圾桶中的企业宣传册，却因为其中的邮票提高了在客户手中的留存率，这样的转变备受企业欢迎，一年最多卖到了 300 ~ 400 万册。

同时，我们还给中国集邮总公司和各省分公司下了一道指令，每年年底，各省的邮票年册会比中国集邮总公司年册提前半个月进入市场，这就缓解了集邮总公司年册对各省年册的冲击，销售的节奏把市场真正变成了我们可以调剂的窗口。

这三个措施在减量的情况下，平稳了市场，保证了收入，让邮政部门慢慢度过了寒冬。

"外脑"诞生

回想起在任期间内发生的重大事件，除了在经营层面进行改革和创新，邮资票品司还在发行的两个重要环节——邮票选题的遴选和邮票图稿的审议方面进行了改革。

从国家邮政局成立的第二年开始，两个"外脑"相继亮相，一个是"国家邮政局邮票选题咨询委员会"，另一个是"国家邮政局邮票图稿评议委员会"，前者的职能重在"咨询"，后者重在"评议"。

国家邮政局拟列入选题规划或发行计划的所有选题，都要经过"选题咨询委员会"的把关，请这些涵盖我国诸多学科领域的专家"评头论足"，对一些拿不准的选题也请他们提出看法，以便定夺。

之所以想要成立这样一个委员会，是因为一个被集邮者诟病多年的问题。在调来邮资票品司任职之前，我曾在中华全国集邮联工作过五个年头，对于广大集邮者和集邮协会的专职干部所思所想有一定了解。当时集邮者反映的一个突出问题就是，新邮发行的当天，窗口不能"按时足量"供应，往往要过一段时间，集邮门市部才有出售，影响了邮友们邮寄"首日封"的时间，也使邮政的信誉受到损害。

经过调研，尽管原因很多，但根本症结就出在选题上，选题的滞后下达，影响了图稿设计，后者又直接影响到印刷环节，邮票厂整天加班，也赶不上发行日。于是，我们将邮票选题下达时间从"一年一下"调整

为"一下三年"，三年的图稿一起组织设计，很多特种邮票、纪念邮票没有时间限制，哪套图稿设计成熟就先安排哪套发行。这样一来，生产就主动了。2001年，困扰多年的邮票发行不能"按时足量"供应各个集邮门市部的顽疾，终于得到了解决。

另一个"外脑"——"邮票图稿评议委员会"的成立时间要早于"选题咨询委员会"，成立的目的就是为中国邮票把关，委员会除了第一任主任中国美协主席、中央美术学院院长靳尚谊，还汇集了袁运甫、杜大凯、谭平、吴山明、徐启雄、董纯琦等一批著名艺术家和印刷专家，从组建第一天起，所有请评委评议的图稿都会隐去作者姓名，同时，对评议的过程和结果，既不接受媒体采访，也不能私自向外界透露，会议高度民主，在评议图稿时对作品的优劣、质量的高低，要知无不言、言无不尽。

听这些卓有成就的艺术家评稿，就如同接受一次文化的洗礼。从中国美术的方向到当前存在的问题，每个人襟怀坦荡、虚怀若谷、言辞尖锐、语言幽默，它虽然不是决策机构，但经"外脑"评议和推荐的图稿，使国家邮政局决策时心中有了底，为国家邮政局的最终定夺提供了参考。这些公平、公正的评议，也使那些"滥竽充数""走门子""走关系"者哑口无言，无地自容。

这两个委员会对中国邮票的发行工作和图稿设计水平的提高，的确做出了重大贡献。

永不离开

最近几年，从纪录片《中国珍邮》的策划、撰稿、改稿、审稿、审片，到石家庄邮政专科学院每学期24课时的授课，参与南宁亚洲邮展相关策划工作以及品鉴会、研讨会，以及连篇累牍的约稿、写稿等，种种琐碎事情已经压扁了我的时空。

对邮票和集邮深入骨髓的热爱，成为近两年已不在一线工作的我仍然不断出现在邮票发行和集邮活动之中的原因，也正是因为离开了工作岗位，我才真正有精力为我热爱的邮票事业做一些事情。

如果说有什么不得不做的事情，那么制作《中国珍邮》算是其中一件，通过这样一部纪录片来展现我国各个时期的珍贵邮票，是我酝酿了十几年的想法。

引发这个想法的，是 1999 年"中国 1999 世界集邮展览"上的一个插曲，那是中国首次举办综合性世界邮展，有两枚珍邮参展，其中一枚是红印花小字"当壹圆"四方连，另一枚是大龙阔边五分银全张，两枚都是孤品，由香港著名集邮家林文琰先生收藏。

这两件珍邮价值高昂，前者在 20 世纪 80 年代时的转让价就已高达 30 万美金，而后者于 1991 年在英国索斯比拍出了 37.4 万英镑的高价，平时一直保存在汇丰银行的金库里。

参展邮票要从香港汇丰银行运到启德机场，慎重起见，林文琰先生想要为邮票买 1000 万港币的保险，这在当时是一笔不菲的花销，我们没有这笔经费。但是为了两件国宝的安全，保卫组制定了非常详细的安全保卫方案，由公安部八局全程将邮票从机场护送到展场，展览期间也采取了多种安保措施。

邮展期间，我代表组委会请林文琰夫妇吃饭，他们讲述了几代集邮家如何不懈努力，最终把流失到海外的国宝请回到中国来，其中"大龙阔边五分银全张"在很长一段时间内，由一位美国集邮家施塔少校收藏，他同时还是美国华邮协会的会长，直到 1991 年邮票才被林文琰先生拍回到祖国。

中国集邮家的美德、爱国情操让我非常感动，那时候我就下定决心要拍一部电视片，让所有人都知道这个故事。

直到 2012 年 10 月，我把中国珍邮搬上荧屏的想法遇到了知音，中国邮政集团公司新闻中心影视部的陶汪澎和我一起，花了 3 个月的时间将 4 集样片制作完成，报批通过后，我找来李近朱、李毅民、林轩等集邮家，共同做了一个文案。目前策划中的 20 多部均已拍摄完成，其中 6 部已经分别于 2016 年 3 月 20 和 21 日播出，每天 3 集。不到一个月，就在央视网达到超过 1000 万次的点击量，这个片子还被国家新闻出版

广电总局评为"优秀原创网络电视节目（非剧情类）"。

截至目前，我一共为邮政拍了三部影视作品：一部是 1991 年在央视播出的 10 集电视系列片《国脉所系》，在次年国家广播电视总局的全国电视片评选中荣获电视系列片二等奖；一部是 1999 年为举办"中国 1999 世界集邮展览"而拍摄的 20 集电视连续剧《绿衣红娘》，成为邮政部门组织拍摄的第一部电视连续剧；再一部就是《中国珍邮》，这些在邮政史上都是前所未有的。

我的命运始终和邮政是在一起的，让更多人了解中国邮政所走过的不平凡的历程，这应该是一个老邮政人卸不掉的责任。（作者口述，董琪撰文）

邮票发行工作的"兰德"现象

——记邮电部邮票图稿评审委员会的创立

什么是兰德? 什么是兰德现象?

兰德,是美国一家智库的名称。它是美国最重要的以军事为主的综合性战略研究机构。它先以研究军事尖端科学技术和重大军事战略著称于世,继而又扩展到内政外交各方面,逐渐发展成为一个研究政治、军事、经济、科技、社会等各方面的综合性思想库,被誉为美国现代智囊的"大脑集中营""超级军事学院",以及世界智囊团的开创者和代言人。它可以说是当今美国乃至世界最负盛名的决策咨询机构。长久以来,兰德公司影响着美国的政治、经济、军事、外交等一系列重大事务的决策。在为美国政府及军队提供决策服务的同时,兰德公司利用它旗下大批世界级的智囊人物,为商业企业界提供广泛的决策咨询服务,并以"企业诊断"的准确性、权威性而享誉全球。说穿了,兰德公司就是美国政府的"外脑"。那么,兰德公司和邮票发行工作有什么关系呢? 这还要从 30 年前的一段往事谈起。

1985 年,邮电部对中国邮票管理体制进行了一次重大改革,将中国邮票总公司原有的职能一分为二,即邮票发行管理部门和邮票经营部门分开,组建邮电部邮票发行局和中国集邮总公司。这是改革开放以后,邮电部对政企合一的中国邮票总公司第一次做出带有政企分开

性质的重大调整。新组建的邮电部邮票发行局为正局级单位，主要负责邮票发行等政府职能。中国集邮总公司为邮电部直属正局级企业，主要负责集邮业务经营工作。邮电部在这次改革中，认真贯彻中央关于落实知识分子政策的决定，做出了一个在当时堪称破天荒的决定，就在邮票发行局的领导职数中，增加了一名专业领导干部。1985 年 7 月 3 日，邮电部部长杨泰芳签署了（1985）部任字 31 号，任命邵柏林为邮票发行局总设计师。

邵柏林，一个对邮票事业的热爱几近痴迷的人，坐不住了。他知道，刚刚改组成立的邮电部领导集体，都是邮电部门出类拔萃的年轻知识分子。要改变邮电通信的面貌，非他们莫属！历史机缘可能稍纵即逝，于是邵柏林秉笔直书，他要把憋在肚子里多年的话痛快淋漓地向部领导报告！

很快，邵柏林亲自撰写的《关于提高我国邮票设计质量的报告》，送到了邮电部杨泰芳部长和主管邮政工作的朱高峰副部长的办公室。他在报告中向邮电部提出了两项改革措施：一、敞开大门，邀请社会

美术家和平面设计方面的精英参与邮票设计。建议邮票图稿由专职人员设计的同时，向社会美术家广泛约稿、征稿，使全国千百万美术家也有机会参加邮票设计工作。使一个题材多几人设计，多几个方案，从中择优选用。这样既发挥了专职设计人员的积极性，又调动了广大社会美术家的积极性。我们既邀请著名的美术家参加邮票设计工作，又注意发现名不见经传、富有才华的青年人，让他们有机会一试身手。

二、组成以著名美术家为主的，包括集邮家、出版家、专业设计人员和邮电部、邮票发行局的行政领导参加的评审委员会，对邮票图稿的思想性、艺术性把关，这项措施的实质是实行尊重知识、尊重科学、尊重人才、尊重内行的意见，按艺术规律办事，以保证决策的科学化、民主化。

邮电部部长杨泰芳在听取邮票发行局汇报时，充分肯定了邵柏林提出的两项改革措施，指出：邮票评审委员会是我们请来的专家，好比是我们的外脑，我们的"兰德公司"，我们要尊重专家的意见。

这是邮电部杨泰芳部长对成立邮票图稿评审委员会这样一个非常设机构的充分认可，并将设立邮票评审委员会的作用比作美国智库兰德公司。这种评价不可谓不高啊！

邵柏林提出的这两项改革措施的目的只有一个：即在不太长的时间内尽快提高我国的邮票设计质量，第一步先达到国内最好水准，第二步再进入世界先进行列。

这条路走得通吗？对改革触及的阻力有充分的准备吗？邵柏林没有瞻前顾后，而是像一个战士，既然冲锋号已吹响，就必须一往无前向目标冲锋！

我曾经问过邵柏林，你的前面充满荆棘，为什么还要义无反顾？邵柏林拿出一份保存完好的资料。这是中国邮票总公司多年前的一份内部简报，名为《集邮动态》。在第十四期上刊登了一篇群众来信。但这封来信的作者身份有些特殊，他是当时澳门的集邮者苏兆雄先生。他在给邮电部领导撰写的这份长达近 7000 字的亲笔信中，对国内的邮票设计质量提出了十分尖锐的批评。邮电部领导将这封信批转到中国邮票总公司。总公司领导把这封信在《集邮动态》全文发表。中国邮票总公司在这篇来信前加了编者按：

"澳门苏兆雄先生最近给邮电部寄了一封长信，谈他对我邮票的意见和建议，语意恳切，批评尖锐，对我们改进邮票工作很有帮助，特转载于此，供作参考。"

苏兆雄先生的来信比较长，为了让读者大致了解这封信的主要内容，笔者特摘录其中部分如下：

邮票的画面设计

邮票的画面设计是邮票制作的首要部分。我国不乏优秀的美术工作人才，为什么不少邮票的画面设计水平却如此低劣？

1. 用色　我国邮票的色调不够和谐，用色过分鲜明，尤其红色用得太滥。请多参考英、美、德的邮票用色。

2. 技法　有些邮票画面绘制得不够成熟。像T39"五业兴旺"，T75"公众服务中的妇女"，人物呆滞。还有些群众看似木偶，缺乏生气。

3. 构图　构图在很大程度上影响画面的优美。像T38"长城"的构图缺乏雄伟的气势，尤其第4枚不知所谓。中国邮票在处理人物位置布局方面，很多时候都喜欢用排列的方式，就像人物排成小合唱一般，又像摄影全家福一般，缺乏生动活泼。

4. 风格　我们当然要有自己的民族风格。近年来极少看到像T15"首都名胜"那样精彩的雕刻版邮票。不知是什么缘故？

5. 套金套银　中国邮票常见套金套银，这种处理，间可为之就好了，不可太滥。

6. 主题表现　邮票无疑是宣传的有力工具之一。正因为如此，邮票既要突出主题，又须力避做作。在我们国家突出政治是理所当然的事，但必须避免教条式地来突出政治。

7.小型张 在小型张中,"长城"那枚最差,底色灰暗,构图零乱。我不明白为什么选这张小型张加印金字来作纪念里乔内第31届国际邮票博览会?但这枚小型张也说明了中国邮票制作水平的低劣。总之,小型张必须有其特色。如果像"全国科学大会"那样的小型张,就没有什么意思了。

苏兆雄先生最后质问"我们优秀的美术工作者都到哪里去了!"

这封信我没有全部照搬,一是文字过长;二是举例过多,涉及太多的邮票设计者。我不想让我的朋友难堪。我相信,苏兆雄先生不是对我们的邮票设计家有成见而措辞尖锐,而是对我国邮票设计的水平痛心疾首,直抒意见,同时也对邮票发行部门的工作提出了批评。

这封信对邵柏林等邮票设计者的心头不啻是狠狠一戳!邵柏林把这期简报看做长鸣的警钟而珍藏起来,他不相信中国邮票的设计永远停留在这个水平上。他认定,只要中国的优秀艺术家参与进来,中国邮票走向世界指日可待!

邮票图稿评审委员会里的专家请谁好呢?作为上世纪50年代初从中央美术学院毕业的学生,邵柏林对学校的老师实在太熟悉了,那是一批中国顶尖的艺术家啊,吴作人、李可染、张仃、黄永玉、周令钊等老师,经过历次风雨走出来的这些艺术家,在老百姓看来,个个如雷贯耳。其实,邵柏林的心里已经有了评审委员会的初步名单。但是,他还是想听听老师的意见。中央工艺美术学院院长张仃是他第一个拜访的老师。随后,邵柏林又去拜访了中国美术家协会党组书记、副主席华君武先生。两人推荐的名单出奇的一致。黄永玉、周令钊、伍必端、邱陵、郁风,再加上张仃先生、华君武先生,邮票图稿评审委员会的基本架构就成型了。这些大艺术家在粉碎"四人帮"后都像换了个人,个个精力充沛投入创作,犹如迎来了第二个创作的春天。他们都肯牺牲自己的创作时间,来参加邮票图稿的评审吗?邵柏林决定亲自登门一家一家拜访。众位艺术家听到"为了尽快提高我国邮票的设计水平"这样一项重任,纷纷举手赞成。原本让邵柏林很纠结的落实工作,居然迎刃而解了！

第一届邮票图稿评审委员会的成员如下：

主任委员：赵永源（邮票发行局局长）

副主任委员：华君武、张仃、黄永玉

委员：刘天瑞（邮政总局局长）、周令钊、郁风、伍必端、邱陵、邵柏林、王仿子、成志伟、林丰年、董纯琦、李印清

秘书长：邵柏林（兼）

从邮票图稿评审委员会成员构成来看，我国著名美术家7人，出版印刷专家1人，集邮家2人，专业人员2人，邮电部和邮票发行局有关领导3人，共15人。

其中成志伟是中宣部的干部，也是集邮界代表，另一位集邮界代表为林丰年。王仿子是出版印刷界专家。

1985年10月15日，第一届邮票图稿评审委员会正式成立。邮电部副部长朱高峰和邮票发行局党委书记许宇唐、局长赵永源出席成立大会。朱高峰向每一位评委颁发了盖有国徽图案的邮电部大印的评委证书，并代表邮电部对邮票图稿评审委员会的成立表示祝贺。他在谈到邮电部成立评审委员会的目的时说：

"新中国成立以来，邮票的发行数量有了很大的发展。邮票图稿设计上也出现了一些受群众喜爱的邮票，有了一支专业设计队伍。但是随着人们对邮票需求的不断提高，在邮票设计和印刷质量上都不能满足需要，也不断收到人民群众的批评和建议。由于邮票流传很广，一枚邮票设计的优劣在一定程度上反映一个国家文化艺术水平的高低，因此，为迅速提高我国邮票设计质量，我们一方面采取专业设计与向社会约稿、征稿相结合的方式组织邮票图稿创作；另一方面邀请各方专家组成评委会，加强对图稿的评审工作，择优选用，以期尽快提高我国邮票设计、印刷质量。这就是我们成立邮票图稿评审委员会的目的。"

秘书长邵柏林宣读了评委会工作规则。主要是，为把我国邮票艺

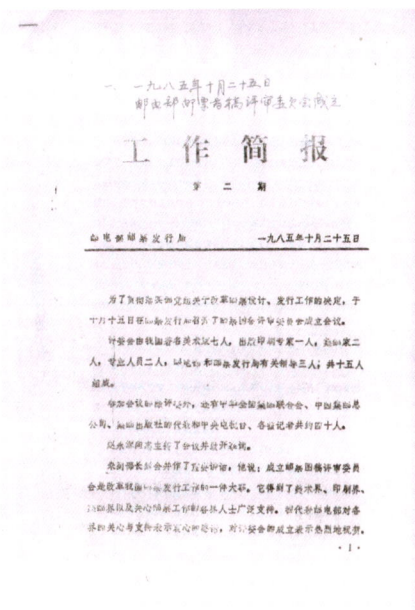

术质量迅速提高上去：一、搞事业，不搞山头；搞科学，不搞关系学；搞艺术，不搞权术；二、为了保证邮票图稿评审的公开、公平、公正，参加评审的邮票图稿一律不署名，只标注第一方案、第二方案等；三、邮票图稿的作者严禁私自找评委说情，一经发现，立即取消邮票图稿参评资格。

这些规则成为邮票图稿评审委员会评审邮票图稿时每个人必须遵守的纪律，也使每幅邮票图稿都得到公开、公平、公正评审的保证。那么，这些大艺术家如果参加邮票图稿的竞争，是不是有特例？亦或是否得到特别关照呢？邵柏林讲了在评审邮票图稿时的一桩往事。评委周令钊先生是我国著名美术家，第一轮生肖狗票就是周老担纲设计的。他也曾参与了一套邮票图稿的创作，并送来图稿参评。由于送评的邮票图稿都不记名，在认图不认人的情况下，另一套邮票图稿被评委选定，

周令钊先生的图稿落选。事后，评委们才知道谜底。这件事成为各位评委印象极其深刻的一桩往事。

当时邮电部的这两项改革措施究竟执行得怎么样？效果如何？我国 1986 年、1987 年邮票设计水平有没有提高？有没有对这两年邮票设计水平的总体评价？

我在翻阅 1987 年出版的《人民日报》时，发现了这样一篇报道。1987 年 2 月 6 日《人民日报》刊发了一则消息：

我 7 种邮票被日本评为世界杰出邮票

据日本《邮趣》杂志 1986 年 12 期报道，我国 1986 年发行的《木兰》邮票被评为世界 25 套杰出邮票之一，这是去年我国发行的邮票被该杂志评出的世界第 7 套世界杰出邮票。被评为世界杰出邮票的中国其他 6 套邮票是：《民居》《哈雷彗星回归》《白鹤》《国际和平年》《十二生肖虎年》（应为《丙寅年》）和《航天》。

看了这则报道，让人大跌眼镜。日本这个国家，一向自视甚高。特别是明治维新之后，根本不把中国放在眼里。现在居然对中国发行的邮票大加赞赏，岂不怪哉？细想一下，也不奇怪。对各国发行的优秀邮票或称杰出邮票，无论是西方国家还是东方国家，尽管民族不同、观念不同、意识形态不同，但是对艺术的美丑妍媸的赏识却是相通的。特别是《邮趣》的评选完全出自民间，出自民意的自由选择。因此，对美的事物的标准，对艺术的理解，是可以有共识的。

在日本评出的中国 7 套世界杰出邮票中，有一套值得一提。这就是《1985-1986 哈雷彗星回归》。这套邮票的作者是当时还就读于中央工艺美术学院的学生袁加。30 年后，还是这个袁加参与了《长江》和《黄河》特种邮票的设计，这两套邮票都被评为当年的"最佳邮票"。还有一套设计水平与《哈雷彗星回归》比肩的，就是 1986 年 9 月 10 日发行的《教师节》纪念邮票。设计者也是中央工艺美术学院当时在读的学生张磊。他们的设计天赋在学校已经初露锋芒。被称为中央工

艺美术学院高材生"三杰"的还有一位，就是王虎鸣。可惜的是，"三杰"中的两杰，后来被留校任教，没能和王虎鸣一起从事专职邮票设计工作。

在日本《邮趣》1987年评出的25套世界杰出邮票中，中国又有10套中选。对此，《光明日报》的一篇文章给出了答案。这篇题为"我国邮票艺术质量显著提高的原因是——邮票设计向整个美术界敞开大门"的文章开门见山地指出：

"邮票被称为'国家的名片'，过去邮电部的邮票设计，基本上由专业设计人员负责，常常一个题材一个人画，没有选择的余地，形成一种封闭的、缺乏竞争的局面。

1985年下半年，邮电部确定了两条改革措施。两年过去了，改革的效果究竟如何呢？"

文章借用了几位美术界的人士，进行了评说：

中央美术学院教授孙美兰指出，近期我国邮票从总体上说发生了值得注意的转向：设计观念由封闭转向开放；审美意趣由单薄转向厚重，由平庸转向高格调；由小景观转向大国风范。这种发展趋势是可喜的。《中国古代体育》借鉴了汉画像砖，以古拙之美诱人；《珍稀濒危木兰科植物》则典雅、大方；《辛亥革命》有时代风云的悲壮氛围，人物与背景的关系处理得相当出色；《孙中山诞生一百二十周年》则刻画出一个泱泱大国领袖的风度。邮票艺术是美育的神奇通道，人民需要开拓性的多样化的设计风格。

中央工艺美术学院教授刘巨德说，发动全国的画家来设计邮票有利于多种艺术风格并存。实践证明现在风格是多样的。我们需要写实的东西，也需要写意的、象征的、抽象的、变形的东西。

中央工艺美术学院教授袁运甫说，邮票艺术不能完全用"大众化"的语言，还应当有思想性和艺术性。采取广泛招标、集思广益的办法是很好的。

著名美术家张仃教授说，我参加过几次邮票图稿评审会，可以说是严肃认真的，始终把质量放在第一位。评的结果也是令人满意的，

1986 年最佳邮票

1987 年最佳邮票

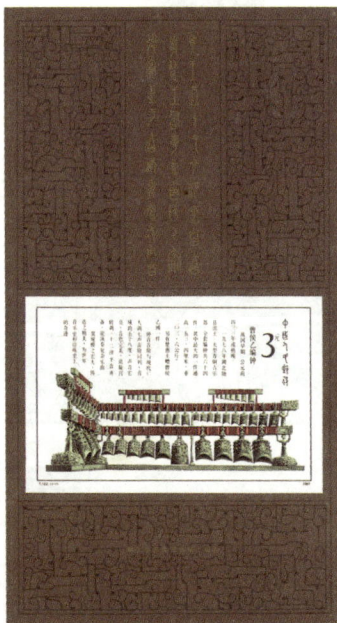

1988 年最佳邮票

02

对太差的稿子就行使否决权。我认为这样坚持下去，中国邮票艺术水平的提高是大有希望的。

20世纪80年代后期，由于两项改革措施的实施，我国邮票的设计质量得到明显的提高，形成了新中国邮票设计的又一个高峰。邮票图稿评审委员会这个邮票发行工作中的兰德现象，也一直延续至今。

我衷心希望，邮票图稿评议委员会这一提高邮票设计质量行之有效的措施，应该继续坚持下去。坚持数年，必有好处。

在这篇文章已经画上句号的时候，我不得不对一件以讹传讹的说法进行澄清。我国邮政部门在20世纪五六十年代究竟有没有"邮票审核委员会"这样一个机构，或是临时机构？经向邵柏林、孙少颖等老先生求证，均言辞凿凿地回答：从没有这样一个机构。

注：邮票图稿评审委员会从第二届开始名称改为邮票图稿评议委员会。1998年国家邮政局成立后，新组建的这一机构，也沿袭了这一称谓：邮票图稿评议委员会。

把防伪的武器交给老百姓

——原国家邮政局邮资票品司加大邮票 防伪力度的思路

2004年5月4日，"中国经济技术开发区二十周年"纪念邮票如期发行。在国家邮政局下发的"新邮预报"上，细心的邮迷发现了与此前下发的"新邮预报"不同之处——在责任编辑的下方，增加了一项内容，用英文【An-c】表示。后面的中文是：防伪纸张 防伪油墨 缩微文字 荧光喷码。这就是国家邮政局在邮票印制上采取的新的防伪措施。实际上从3年前，国家邮政局在邮票防伪的工作上，已经调整了工作思路。

众所周知，邮票属于有价票券，是国家赋予邮政部门特有的发行权。既然是有价票券，发行部门则必须考虑在有关的部位增加防伪功能，以防范不法分子造假，并方便消费者识别。这种思路，我们可以在早期的邮票上得到印证。1840年5月，英国发行了世界第一套邮票——黑便士。难能可贵的是，最先创造邮票的罗兰·希尔，就已经把防伪作为邮票的要素之一考虑进去。小皇冠水印纸成为世界上最早使用的防伪功能邮票用纸。所谓水印，就是在制纸滤网上的纸浆未凝干前，用按一定图形制成的钢模加压，压纹部分因纸质被压紧变薄，因而迎光可清晰看到被压紧的图形。

我国早期的邮票也采纳当时各国广泛采用的水印防伪纸张办法，如海关试办邮政时期发行的第二套邮票——小龙邮票，就采用了"太极图"

水印防伪纸张。小龙邮票的承印纸张是从英国订购的"太极图"水印纸，在印制邮票时，纸上水印位置和印版对应，每枚邮票恰好都有一个太极图水印。这是中国第一套有水印的邮票。此外，小龙邮票的印制还采用了水溶性颜料，水溶性颜料易溶于水，邮票在水中浸泡较久就会掉色，有利于分辨邮票的真伪。

新中国成立后，在相当长的一段时期，邮票的防伪措施主要是采用暗记的方式，即在每套邮票上都有专人在图案的某个部位做暗记并进行档案记录，确保邮票产品的有效鉴别。邮票上的暗记一般不对外公布，只是作为档案保存。有人可能会问，这种暗记被密封起来，究竟起什么作用呢？那就只有一种可能，即在司法诉讼过程中，法庭要对真假邮票进行裁决时方被启封使用。当然这也增加了集邮者挖掘、研究的兴趣。但是，随着我国改革开放和市场经济的发展，特别是 20 世纪八九十年代在我国大城市掀起的邮市"狂潮"期间，使一些不法分子开始利用群众不熟悉邮票辩伪的情况，利用平版印刷的方式疯狂制造假邮票。不仅使"国家名片"的权威受到了挑战，也使集邮者特别是邮政企业遭受了重大的经济损失。如何让老百姓在集邮市场购买邮票时有一副火眼金睛，不再被假邮票忽悠呢？这是摆在邮票发行部门面前迫切需要解决的一道难题。1998 年，国家邮政局成立后，邮资票品司就向邮票印制局提出了一个课题：如何把邮票防伪的武器交给老百姓。

邮票印制局根据邮资票品司的要求，加大了对邮票防伪手段的开发和研制。随着邮资票品管理工作的进一步加强，一批新的措施应用在新发行的邮票上。

一、邮票用纸加快更新换代

除了采用水印纸这种古老的方式防伪之外，还有没有更先进的方式呢？从 20 世纪 90 年代后期开始，邮票印制局和专门生产厂家经过科技攻关，成功地研制出荧光丝防伪邮票纸。这种纸是采用不可见单色荧光纤维丝，按照一定的比例加入纸浆并混合制成。这种纸是我国第一代专用防伪邮票用纸。在此基础上，邮票印制局与天津南开大学戈德防伪技术有限公司、上海某造纸企业合作，开发出第二代防伪邮票纸。第二代防伪邮票纸的特点是，采用荧光防伪点防伪技术。荧光防伪点具有高分子透明材料形成的微胶囊保护层，产品呈微球形状，生产成本高，仿造难度极大。在紫光灯照射下，纸张表面可看到均匀分布的四种不同颜色的荧光点，视觉效果优异，其荧光效果的寿命也大大提高了。

二、印刷油墨采用荧光加密技术

从 2000 年开始，邮票印制局成功研制了荧光加密油墨。这一年的 1 月 29 日，中国邮政发行了 2000-2M《春节》特种邮票。该套邮票的小型张就采用了加密荧光油墨（黄色），邮票画面在紫光灯下可显见荧光。之后，多套邮票采用了这种方法。荧光油墨在印刷中的使用不像人们想象的那么简单。在操作过程中，要做好油墨溶剂的配比，随时测定油墨荧光强度，并要采取措施防止刮墨刀出现正常光线下看不到的条痕，具体操作过程非常繁琐。但是，由于采用了加密荧光油墨，集邮爱好者只要有一台紫光灯，就能辨别出李逵还是李鬼。在此基础上，邮票印制局还采用了凹印特亮银金属油墨与透明凹印油墨以及全真彩荧光油墨，画面中的各种颜色全部为专色墨，荧光灯下，各个荧光油墨的荧光互相辉映，不仅防伪效果好，视觉效果也堪称完美。

三、创新邮票齿孔型式

齿孔，是邮票的基本要素之一，也是邮票防伪的重要手段。新中国成立以来，邮票齿孔基本采用圆形，鲜有异形齿孔出现。从 21 世纪开始，异形齿孔已连续并多次出现在邮票上。2004 年，第三轮生肖邮票开始发行，随着时尚灵动的甲申年——猴票的发行，人民欣喜地看到，不仅邮票的规格有了变化，已由原来的 26mm×31mm 变成了 36mm×36mm，邮票的齿孔也有了明显的变化。在邮票的左右两边的正中间各有一个多角形的异形齿孔，票品司都管他叫"狼牙棒"，主要是它的形状像古代

03

兵器中的狼牙棒。第三轮生肖邮票都沿袭了这种异形齿孔形状。这种异形齿孔，无疑加大了造假者的难度和成本。之后，邮票印制局又在多套邮票外形齿孔上采用圆形、六边形、平行四边形等。这些邮票外形齿孔的出现，既丰富了票型，也增加了防伪的力度。

除此之外，邮票印制局还在每枚邮票的画面上喷有无色荧光喷码，只要集邮者在侧面光下，就能看到清晰的数字。为了把这些防伪的措施及时告诉我们的消费者，让每一位消费者都能借助一些简单的辅助工具，辩伪识真，才有了文章开头的一幕。

关于 2003 年和 2004 年
小版邮票的发行始末

我有一位好友，相信集邮界的朋友对他也不陌生。刘格文，原《解放军报》副总编辑，军旅集邮家。刘格文对邮票的商品属性研究颇深。他从 20 世纪 80 年代开始，一直对集邮市场的走势进行分析研究，发表了不少有见地、有分量的文章。20 世纪 90 年代，我先后在中华全国集邮联和国家邮政局邮资票品司任职。重视宣传工作的我，自然与他联系较多，相同的爱好、相似的看法，使得我俩很快成为了好友。格文对我无话不谈，特别是对邮票发行方面的一些看法，无私坦荡，直抒见地。对邮票发行方面一些有创意的措施，也毫无保留地加以肯定。2003 年和 2004 年，邮资票品司在发行大版邮票的同时发行小版邮票的做法，一直被格文所称道。他曾几次对我说起此事，并建议我要写写文章，讲讲发行的初衷。

2003 年过去已经十几年了。我想，把当时策划邮票大小版的初衷向大家作一介绍，应该是时候了。

国家邮政局成立初期，正是关注集邮市场的人常说的"九七后"时代。面对邮市疯狂后，邮票价格断崖式的下跌，市场一片肃杀。新成立的国家邮政局邮资票品司，为了进一步做好邮票发行工作，相继做了两方面的工作。一方面邮资票品司召开了有各方面人士参加的座谈会，征求方

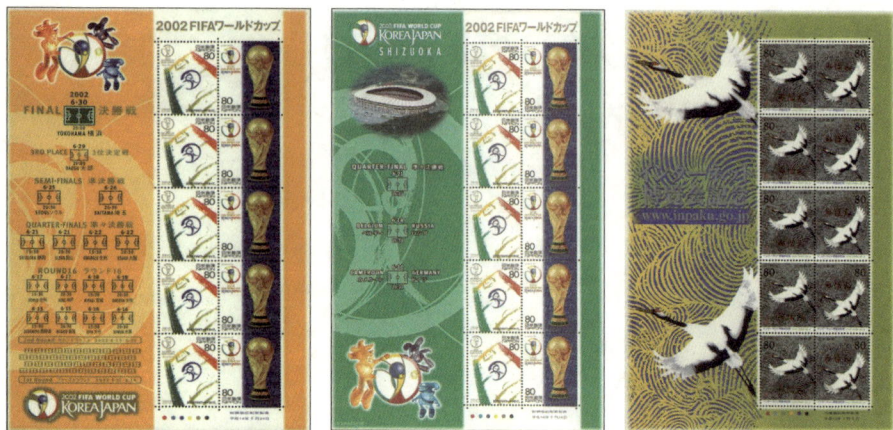

方面面的意见。这期间，我们先后召开了老同志座谈会，包括钱敏、许孔让等老同志出席；邮市中部分邮商座谈会；北京市老年集邮协会部分同志座谈会；集邮报刊等媒体座谈会等。大家本着健康发展我国集邮事业的大局，提出了很多值得认真研究的课题和建议。另一方面借与有关国家联合发行邮票的机会以及参加国际邮展的机会，对一些国家的邮票发行工作进行了考察和了解，考察的内容包括选题的遴选、图稿的设计、年度发行的套数（枚数）、版式、发行方式、发行数量、邮票结算比例等，以资借鉴。这些国家包括瑞士、法国、德国、日本、马来西亚等国家。

在与国外同行的交流过程中，所有国家均有一个相同的观点：互联网的普及已颠覆人们对社会生活中很多事物的认知。由于网上可提供的东西极其丰富，因此对邮票收藏有很大的冲击。收藏群体的萎缩，不是一个或几个国家，而是世界性的趋势。对此，各国邮票发行部门都在积极应对，包括邮票发行与经营方面，都在尝试求新求变，以适应市场需求。比如选题，更贴近收藏者的需求；版式，则根据邮票题材的特点，进行量身定制；邮票材质，除了传统的纸张，金属、丝绸、金箔被广泛应用；邮票印刷，大量采用新的工艺，新的材料；传统的大版张，则悄悄变成了较小的版张。我在日本邮政省访问时，有关部门向我们展示了当年发行的邮票版张，全部是 10 枚一版的小版，每个小版的边饰设计极具特色，都是根据本套邮票的题材，在边饰上进行了延伸。

日本同行在谈到改版后的效果时，不无得意地介绍说，由于新的版张设计精美，谁也不愿意把这么好的整版撕掉，原来购买一套或四方连的，都改为购买整版了。

对于时刻关注国际上邮票发行动向的邮资票品司来说，从 2001 年开始，已经悄悄地将邮票的版张由 40 枚或 50 枚一版，基本调整为 20 枚左右一版，个别邮票除外。其中，最少的版张 16 枚，最大的版张也不过 24 枚。

从日本出访回来后，邮资票品司召开了部分首都新闻媒体的通气会。这种通气会的形式是我到邮资票品司后倡议召开的。目的是一方面经常听听新闻媒体对邮票发行工作的意见和建议；另一方面也把国家邮政局一些出台或即将出台的方针、政策和措施及时和新闻媒体沟通，求得谅解和支持。这种通气会不拘泥于形式，没有烟酒，不设饭局，甚至连会议室都免了，直接到我的办公室落座。一杯清茶，七八个人。谈笑风生，侃侃而论。我们邀请来的新闻界朋友，都是横跨媒体人与集邮者的"两栖类"。邮票发行与集邮市场自然是谈资中的主角。刘格文、康宏志、梅楚英、李晓建、以及《集邮》杂志和《中国集邮报》的记者都来了。临散会，我将这次到日本带回的小版张给大家欣赏。没想到，这些记者的眼睛直放光：漂亮！真漂亮！可以用赞不绝口来形容当时的一幕。

2002 年初，邮资票品司将这些信息汇总后，将国外的邮票版式与我国过去发行的邮票版式对比，的确感到，中国邮政长期以来发行的大版票，从节约的角度去看，它适应了那个时代的要求，也符合 20 世纪国际上邮票发行的惯例。但是，在社会飞速发展的今天，人们的审美观和对新鲜事物的追求，已发生巨大变化，可以用今非昔比形容。虽然 2001 年邮资票品司已将邮票版张缩小，但能不能在中国的邮票版张上再来一次创新？让中国邮票的版张更漂亮，更精彩？毫无疑问，邮票版张

04

的创新，意味着邮票的印制成本要加大。既然邮票的使用功能在弱化，加大一点成本有什么不可呢？

邮资票品司将这个想法及时与财务部进行了沟通，并向国家邮政局领导作了汇报。在获得国家邮政局的批准后，邮资票品司发行处向邮票印制局下达了在 2003 年发行的各套邮票中，印制邮票大版的同时，增加发行邮票小版的任务。在对外的表述上，大小版张分别为：版式一、版式二。

在小版张的设计方面，我怕邮票图稿编辑部的同志吃不准邮资票品司的意图，就专门把邮票印制局副总设计师、图稿编辑部主任王虎鸣请到邮资票品司，亲自向他做了交代：每一个小版，必须精心设计、精心制作。同时，郑重地要求王虎鸣，小版张你要个个把关。票样设计出来后，送我审看。

2003 年的第一套邮票是 1 月 5 日发行的《癸未年》。这套邮票本身有一枚小版，但不公开发售，主要用于中国邮政贺年（有奖）明信片的兑奖奖品。这套邮票选中的是王虎鸣设计的图稿。新增加的《癸未年》小版怎么设计？既要漂亮，又要与兑奖小版拉开距离，设计稿究竟是什么样子？我不仅期待，也很焦急。焦急的是，这是明年的第一套邮票，由于生肖本身发行量就比较大，印制时间又长，所以必须要有半年的生产时间来保证。现在已 6 月底，发行的品种又增加了一枚小版，您说能不急吗？

王虎鸣就是这么个性格，不满意的设计稿，绝不拿出来。那只有等。原来，王虎鸣为了使新增加的《癸未年》小版与兑奖小版拉开距离，他脑子里不知酝酿了多少方案，最终因不满意而放弃。最后，他无意中看到了一幅剪纸，正是这幅剪纸启发了灵感。放一幅剪纸作为《癸未年》小版的过桥，不就拉开距离了吗？王虎鸣专程找到内蒙古包头的民间剪纸大师刘静兰，请她帮忙，最终获得了一幅中意的剪纸。这幅极具中国传统文化的图案是两只羊驮着梅花、喜鹊，寓意喜气洋洋。王虎鸣把这幅剪纸放在图稿的中间位置，8 枚邮票围绕周边。小版的边饰运用暖色，

各种汉字的羊隐在其中。整个小版的邮票与边饰安排得和谐规整，简洁大气。

　　2003 年第一套邮票小版的出现，并没有立即引来市场的关注。而接踵而来的第二套、第三套邮票的小版发行，则真正使一部分人开始刮目相看。

　　2003 年一共发行了 28 套邮票，其中两套是小型张，两套是"特"字头邮票。在 28 套邮票中，24 套邮票都安排了大小版。"万众一心 抗击非典"和"中国首次载人航天飞行成功"两套"特"字头邮票虽然只发行了一种版式，但版张内分别只有 12 枚和 10 枚（5 套邮票）。故市场上都把 2003 小版邮票统计为 26 套。在这些小版张中，我认为在边饰设计方面比较出彩的，有几套值得一提。如"癸未年""杨柳青木版年画""中国古代书法——篆书""梁山伯与祝英台""中国 2003 第十六届亚洲国际邮展"等，它们的共同特点是，整体设计把握得好，边

饰既是对邮票主题的诠释，也是对邮票内容的一种延伸。但市场上价格最高的却不是这几套小版。这也应了那句话：智者见智，仁者见仁。

在 2003 年小版中，我们也发现了一些问题。比如，有些邮票就不太适合发行小版，像大套票。在设计"东周青铜器"时，设计小版就遇到了难题。"东周青铜器"共 8 枚，形状又各异，怎么摆出来的效果也不好。最后只好取了其中的一枚，做成了 8 枚的小版。还有小全张，本身就是邮票的一个品种，再做小版也不妥。所以，我们对 2003 年的小版进行了总结，一致的意见是能做小版则做，不能做则不要勉强。千万不要为做小版而做小版。小版控制在单枚一套或 2 枚一套，最多 4 枚一套的邮票上下功夫。群众喜闻乐见的题材套票上也争取安排。这个原则确定后，2004 年的小版就做了比较大的调整。

　　2004 年的第一套邮票"甲申年"是第三轮生肖的开山之作。这套邮票一改前两轮生肖邮票版张的旧制，一版的枚数进一步缩减至 24 枚（2006 年调整为 20 枚一版）。但难题是除了要设计小版，同时还要设计一枚赠送版。这枚赠送版主要用于赠送 2004 年纪特邮票全额缴款预定户。因此赠送版的设计要和公开发行的小版有比较大的不同。该票的设计者陈绍华还是平面设计的大家，他把赠送版的底色设计成黄色，小版底色是白色。因此，很好地解决了他们之间的差距。

　　2004 年全年，国家邮政局共发行了 13 枚小版。由于是选择性发行，应该说 13 枚小版个个精彩。在 13 枚邮票小版中，我尤其喜欢"司马缸

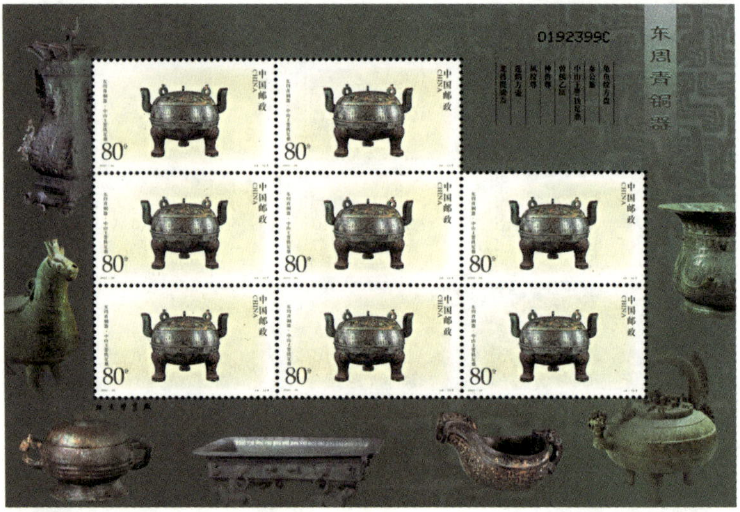
东周青铜器
0192399C
中国邮政
CHINA
80

2004
中国邮政 CHINA
80
中国自古以天干地支组合的六十甲子纪年，又以十二种动物对应十二地支作为各个年份的生肖，民俗将每个人出生农历年份的生肖称为他的属相，十二生肖象征着吉祥与幸福。
农历甲申年是猴年，民间有猴桃瑞寿、金猴献瑞等吉祥语。

2004
中国邮政 CHINA
80
中国自古以天干地支组合的六十甲子纪年，又以十二种动物对应十二地支作为各个年份的生肖，民俗将每个人出生农历年份的生肖称为他的属相，十二生肖象征着吉祥与幸福。
农历甲申年是猴年，民间有猴桃瑞寿、金猴献瑞等吉祥语。
D196336H

砸缸"这枚小版。设计者李炜不仅在邮票设计上精耕细作，每个人物都生动传神。他还充分运用小版张边饰中的空白，将因方寸局限而未能表现的花园、嬉戏以及故事简介都吸纳其间，使整个版张邮票与边饰的人物、景致融为一体，让人不得不为这枚小版击掌称绝。因此，在题材因邮票局限而不能全景式地展开时，发行小版张不失为一种选择。

2003年和2004年小版邮票的发行一晃儿过去十几年了。小版张这种形式，已经成为中国邮政版式中的常态。刘格文先生经常谈起的这件事，恐怕弦外有音：希望中国邮政不断创新！

从一次会议纪要看邮票图稿评审

　　为了提高我国邮票图稿的设计质量，从 20 世纪 80 年代开始，原邮电部批准成立了由著名美术家、印制专家、集邮家和邮票发行管理部门相关人员组成的"邮票图稿评议委员会"，为邮票图稿把关。参加评委会的各位专家，抱着为提高我国邮票设计质量贡献一份力量的宗旨，不顾年迈，不图名利，不计报酬，开诚布公，直抒己见，为我国邮票设计质量的提高做出了重要贡献。

　　但是，由于长期以来"邮票图稿评议委员会"这个机构从不接受外人旁听，也不接受记者采访。因此给外人的印象十分神秘。"邮票图稿评议委员会"每年召开几次会议？每次会议对邮票图稿都是怎么评审的？是不是看法都一致？不一致怎么办？很多人都有类似的疑问。

　　下面，我将十几年前举行的"国家邮政局第一届邮票图稿评议委员会第十二次会议纪要"全文照登如下，并试做些说明：

国家邮政局第一届邮票图稿评议委员会
第十二次会议纪要

2003 年 1 月 27 日，国家邮政局第一届邮票图稿评议委员会在邮票印制局召开了第十二次会议。会议由评委会主任靳尚谊主持。会上共评议了 8 套邮票的 40 个方案共 85 幅图稿。现将会议内容纪要如下：

一、长江三峡工程·发电。这套邮票共 5 个方案，15 幅图稿。评委们就所报的方案进行了认真的讨论，提出了以下意见：第一、第三方案各有特色，由于此题目专业性较强，建议请水利部有关专家提出倾向性意见后再请设计者进行修改。

二、世界防治艾滋病日。这套邮票共 8 个设计方案，8 幅图稿。经评议，评委们认为这套邮票设计得都不理想，第一方案设计较好，但没有完整地表现主题，建议由第一方案的作者重新设计，可考虑使用艾滋病日的主题文字衬托，主图使用醒目的红丝带。要注意红丝带的色彩和造型。

三、飞机发明一百年。这套邮票共 6 个设计方案，12 幅图稿。经评议，评委们认为第五方案设计较好，修改意见如下：1. 古老的飞机要更加清楚一些。2. 小版张重新设计。3. 请专家鉴定题目的准确性。评议结果：修改第五方案。

四、晋祠彩塑。这套邮票共 5 个设计方案，20 幅图稿。经评议，评委们认为第二方案设计较好，建议修改如下：1. 色彩尽量还原彩塑本色，不要过于夸张。2. 由于背景是壁画，应平一些，不要被误认为是洞窟。评议结果：修改第五方案。

五、亚洲国际邮展。这套邮票共 5 个设计方案，5 幅图稿。经评议，评委们认为第四方案较好，评议结果：选用第四方案。

六、中国女足。这套邮票共 6 个设计方案，12 幅图稿。经评议，评委们认为第六方案较好，但运动员的动作不够典型，特别是红色调一图运动员的造型要做进一步调整，评议结果：修

05

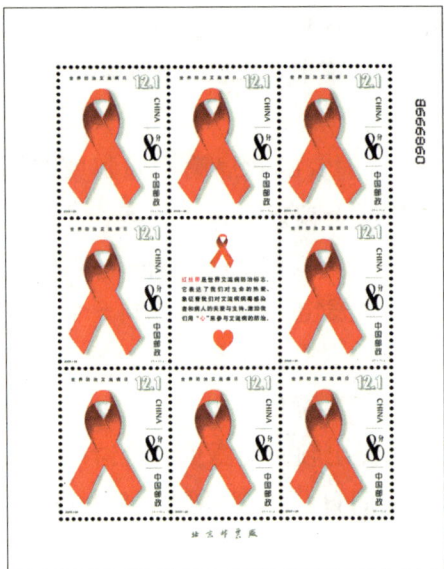

改第六方案。

七、图书艺术。这套邮票共 2 个设计方案，4 幅图稿。经评议，评委们认为：表现中国图书的一枚缺乏中国图书的特点（如中国古代的线装书的特色、墨线的特色等），由于文化背景的差异和不同，可以考虑两枚的风格有各自的特点。图书是以文字为主题的，不应离开主题。评议结果：修改后再送两国邮政主管部门审议。

八、个性化专用邮票。这套邮票共 3 个设计方案，9 幅图稿。经评议，评委们认为几个方案都不理想，建议再挑选制作精美的中国结，用很简单的设计语言表现吉祥、喜庆即可。评议结果：重新选择中国结，鉴于时间紧迫可请邮票设计者王虎鸣进行邮票设计。

以上是图稿评议委员会秘书长赵玉华现场记录并认真整理后，经过我审阅正式打印归档的会议纪要。会议纪要的作用有两个：一是准确地、客观地记录会议对每一套邮票图稿的评议内容；二是据此向每一位参与邮票设计的作者反馈评委会的评议意见。

从这份评委会会议纪要来看，可以看出会议的几个细节：

1. 所有送到图稿评议委员会参评的图稿，都不署名。每一个选题的图稿，都被编成第一方案、第二方案等。任何参加评委会会议的邮资票品管理部门人员严禁透露设计者的名字，评委会的评委也不能打听设计者的名字，以保证评选的公平与公正。

2. 很多邮票选题的图稿不仅要准确、要漂亮、要老少咸宜、要通俗易懂，更重要的是要遵循科学性。在"长江三峡工程·发电""世界艾滋病日"等图稿的评议中，专家们非常慎重地、负责任地建议请有关方面的专家进一步审查把关。

3. 把住邮票图稿设计的质量关。评委们严格履行职责，对图稿质量不满意的方案，绝不迁就，绝不回避。如参评的第八套邮票图稿——"个性化专用邮票"，尽管有 3 个设计方案，9 幅图稿。但评委们经过评议，认为均不理想。结果是全部否决。

4. 对没有完整地表现好主题但图稿设计有一定基础的方案，评委们给予了热情的帮助和指导，对邮票图稿下一步的修改，都提出了非常具体的意见和方向。如在评议"世界防治艾滋病日"的邮票图稿时，普遍认为第一方案有修改好的基础，于是向作者提出了两条建议，一是建议使用"艾滋病日"的主题文字衬托；二是主图使用醒目的红丝带。同时提醒作者：要注意红丝带的色彩和造型。

"世界防治艾滋病日"邮票图稿第一方案的设计者就是我国著名的平面设计家陈绍华，他曾在多套邮票激烈的竞争中拔得头筹。他对邮票的设计向来都有独到的见解。经过评委们的点拨，陈绍华很快拿出了修改方案，并赶在当年的"世界防治艾滋病日"，即 2003 年 12 月 1 日，在全国正式发行。

05

2002 年阿姆斯特丹邮票论坛结论

——对各国邮票发行、集邮业务转变经营思维的一次忠告

　　2002 年 9 月 2 日至 3 日，在荷兰的首都阿姆斯特丹召开了一次堪称对全球邮政部门邮票发行和集邮业务产生深远影响的会议。这次论坛的主办方为"欧洲邮票论坛"。"欧洲邮票论坛"每两年举办一次，旨在将各国邮票部门的决策者集合在一起，共商邮票事业大政方针。讨论主要围绕成功经验交流、联合投资和国际合作等主题。

欧洲邮票论坛最初是由瑞士邮政发起的，这里不得不提一下原瑞士邮政邮票司的司长卡斯曼。这是一位对邮票的理解和热爱已经融进血液中的集邮业务经营者。瑞士邮政创立的"巧克力"邮票，真正的"丝绸"邮票，都是他的奇思妙想。当然，创立欧洲邮票论坛，也是他的杰作。2000 年以后，在比利时、法国和瑞士邮政的倡议下，论坛的宗旨有所拓展。欧洲邮票论坛已经成为各国邮票发行与经营者交流经验、商讨拓展商机的场所。参加这一届欧洲邮票论坛的各国（地区）邮政部门的官员有：芬兰、匈牙利、比利时、克罗地亚、捷克、丹麦、法国、希腊、冰岛、爱尔兰、泽西、列支敦士登、卢森堡、马耳他、摩纳哥、挪威、荷兰、葡萄牙、罗马尼亚、俄罗斯、斯洛伐克、斯洛文尼亚、西班牙、瑞典、英国和梵蒂冈等。出席会议的还有国际机构：联合国组织、UPU、欧洲邮政联盟，以及来自世界各国邮政邮票部门的高级代表。

与会者讨论了有关邮票事业发展方向的 4 个主题：

一、邮票部门地位的转变

与会者强烈感受到：1.邮政事业正处在变革中，欧洲各邮政公司都在思考改造其组织结构以适应新的市场规则；2.邮票事业也处在迅速的环境改变之中，组成主要收入来源的集邮者的数量在大多欧洲国家处于递减趋势，这使得各国邮票部门不得不彻底检查他们的整体战略；3.各国邮政相继推出新产品、扩大宣传和改进设计主题。

二、用户和集邮爱好者

在生产邮票的时候，不能仅仅将集邮爱好者的喜好考虑在内，而必须面对更广阔的用户。各个国家的邮政部门正面临一个战略性的选择：集邮市场的衰落是否减少邮票的发行量？维持收入水平是否发行更广阔范畴的邮票和产品？

三、销售渠道

销售渠道是一种战略性的选择，它直接决定了一种产品销售的成功与否。1. 在多数国家，邮票还是主要通过邮政局所来销售。在现存的经营规则下，邮政网点不可能销售所有邮票。这就要更多地依靠零售商。而零售商在邮票选题方面挑剔，这就需要在邮票选题时，考虑零售商的要求。2. 运用互联网进行销售。这种销售方式已逐渐在销售系统中起到主要作用。3. 举办邮展。虽然有时收益与投资并不相称，但举办邮展有助于激发集邮爱好者的兴趣和推广新产品。

四、年轻一代

所有邮票发行部门都在谋求吸引更多的邮票用户，其中吸引年轻人是重点。各国邮票部门在选题上越来越侧重年轻人的兴趣。调查显示，多数集邮者都是从童年开始集邮的。虽然年轻人都不富有，但还是值得开拓这块市场的，长期效果会很可观。

上述四个主题我们把它简化，核心就是：在现代文明快速发展的情况下，集邮群体在急剧萎缩，要保持业务的平稳发展，必须开发新的邮票形式和产品，关注更大更广阔的用户市场，特别是青少年群体。论坛最后给出的结论是："欧洲各国邮票部门新的战略重点转移是成功的，多数国家的邮票销量都得以维持甚至增长。"

15年前"欧洲邮票论坛"上各国邮票发行部门共同关注的四个主题，无疑是进入20世纪以来，世界各国邮政碰到的共同课题和努力方向。"一带一路"上的马来西亚，20世纪90年代为集邮者发行的邮票达500多万枚，进入20世纪后已压缩到100万枚。日本也是邮票发行大户，面对逐渐萎缩的市场，不得不改变策略，把原来50枚~60枚的大版一律改成10枚一张的小版。吸引集邮者从收集单枚改成收藏小版，以避免邮票发行量大幅下滑。政府间邮票印制者会议是各国官方邮票印制企业组成的国际组织，据不完全统计，已有两家邮票印制企

业先后关门，一家是瑞士邮政专门印制邮票的企业，一家是为北欧各国印制邮票的企业。原因就是邮票印制数量大幅递减，企业已入不敷出。其他企业的邮票订单数量也在下滑。

面对集邮收藏群体的萎缩，各国邮票发行部门积极应对，与之前相比，在邮票发行方面出现了比较明显的变化。具体表现在：1.邮票的品种丰富多彩。首先邮票使用的材质发生了变化，即非纸质邮票如雨后春笋般出现在各国邮票中，甚至一些邮票发行比较传统的国家也采用了非纸质制作邮票，如瑞士、荷兰等国家先后发行了丝绸、金属邮票等。2.邮票的票型目不暇接。邮票的票型如菱形、圆形、六边形、梯形、三角形、不规则形等频繁出现在各国邮票发行计划中。这与20世纪90年代各国发行的以矩形为主的票型大相径庭。3.版式新颖大胆、极富想象力。邮票的版式新颖、典雅。往往用过桥和过去空白的边框，丰富和延伸邮票画面的内涵，如西班牙、意大利、日本等国发行的邮票版式，给人耳目一新的感觉。4.大量使用新工艺、新材料，科技含量增加。英国是最早发行邮票的国家，一向比较保守和古板。但在纪念诺贝尔奖100周年的邮票中，6枚邮票采用了不同的印刷方式，将新材料、新工艺运用其上。奥地利与施华洛世奇共同开发的人造宝石邮票，让那些从不购买邮票的青年人大掏腰包，尽管价格不菲。

从以上国际邮票发行方面的趋势和特点可以看出：

——国际上邮票发行方面的变化不是个别的、孤立的现象，而是一种带共性的、有普遍性的变化。各国邮票发行部门面向市场，采取的多项措施，代表了当前国际邮票发行方面的潮流。

——消减纪念邮票和主题邮票的发行量，目的是适应集邮爱好者群体萎缩这样一个现实。但各国邮政部门采取的提高邮票的观赏性与趣味性的目的，则是在有意培育集邮爱好者之外的市场群体。

——国际上邮票的印制工艺已达到了一个全新的阶段。吸收当代印制工艺的新技术，引入印制方面的新材料，广泛采用防伪的新工艺，使邮票的印制水平有了长足进步。

这些邮票上的变化，对于各国的市场营销策略，靶向性是极强的，目的就是瞄准集邮者之外的潜在市场和年轻一代。就拿近几年国内举行的邮票博览会、亚洲邮展的情况来看，国外邮商带来的观赏性与趣味性强的邮票都受到国内青年一代参观者的青睐，而且也是展会上销售最好的品种。我在石家庄邮政学院给学生授课时，每次向学生展示那些极富观赏性与趣味性的邮票课件，都能引起学生们极大的兴趣，并直接引发他们的购买欲望。客观地说，这些邮票的消费者和学生，都不是传统意义上的集邮爱好者，只是邮票上发生的新、奇、特变化让他们不由自已。应该说，各国邮票发行部门采取的策略是成功的，成功之一就是遏制住了邮票发行量的不断下滑。

实际上，我国的邮票市场也碰到了和各国邮政相同的问题。从 20 世纪 90 年代末开始，集邮者的人数在大幅萎缩，再加上"香港回归金箔张"的冲击，市场呈现出断崖式的下滑。邮票发行部门则采取了大幅消减邮票发行量，开办个性化邮票服务业务，开发企业年册及集团消费文化礼品等措施，从而使集邮业务的收入没有发生太大的波动。毫无疑问，集团消费的邮票文化产品占据了集邮业务的半壁江山。这是我国的集邮业务与国外根本不同之所在。近几年来，在集团文化产品消费遇阻的情况下，中国邮票新的客户在哪里？潜在的消费群体又在哪？这是当下集邮业务部门最为困顿的课题，也是集邮业务进一步发展的瓶颈。通俗一点说，就是集邮业务的"劲儿"往哪儿使？目前，各地集邮经营部门在中国邮政集团公司的指导下，正在积极探索新形势下中国特色的集邮业务发展之路。像河北、河南也闯出了一条适合本省的业务发展之路。我相信，有中国邮政集团公司的正确指导，有各地集邮部门的大胆尝试，中国集邮业务的转型不仅势在必行，它的发展之路也一定会沿着健康、持续、稳定的道路继续前进。

06

一枚邮资信卡引发的风波

2001 年 12 月 25 日。阳光明媚。气温 5 度。

13:20 分，一个座机电话打到了邮资票品司综合处汪瑞华的办公桌上。打电话的用户反映了一个在现在看来可能都会认为是匪夷所思的问题。

按照国家邮政局的规定，用户反映的问题，都应该填写"电话记录单"。几分钟之后，电话记录送到我的办公桌上。

原来一位用户看到当天《参考消息》的一篇报道，对国家邮政局发行的一款邮品表示不满。那么这篇报道说的是什么消息呢？经查，2001 年 12 月 25 日《参考消息》第四版上的确有一篇报道中国国家邮政局发行邮政用品的消息。题目是"德报评中国发行圣诞节邮票"。现转载如下：

【德国（世界报）12 月 16 日报道】题：中国的集邮革命

国家邮政机构出售了印有圣诞节邮票的节日贺卡（实际是邮资信卡——作者注），这种做法在新中国历史上还是第一次。

"大受集邮者欢迎的邮票上印有'中国式的'圣诞老人，或者带有中国冬天景色的耶稣圣婴的艳丽图案。这些邮票不仅可以用于寄往中国香港、中国澳门地区以及国外的航空信件，而且也可以用于国内

邮件。邮票上印有'圣诞快乐'的字样。中国官方不会对作为宗教习惯的圣诞节给予特殊关注，在中国圣诞节不作为法定节日被庆祝。尽管圣诞节的习俗早就进入中国的大城市，独生子女家庭也时兴摆放圣诞树、赠送圣诞礼物以及播放圣诞音乐，而当局对主要的商业街上出现的闪烁的圣诞节饰物则大度地理解为商业广告。

在中国，圣诞节是'外国的文化习俗'，干部们既不会参加其庆祝活动，也不会参加在庆祝圣诞节口号下举办的种种活动。例如，12月初在上海举行的面向德国机构的圣诞节市场的开幕式就没有正式的中方来宾。"

从这篇报道来看，可以得出以下结论：1.记者是受聘于德国《世界报》的驻华人员，对中国的政治环境非常熟悉；2.对发行邮资信卡的情况了解，否则不会有"大受集邮者欢迎的邮票上印有'中国式的'圣诞老人，或者带有中国冬天景色的耶稣圣婴的艳丽图案。"这样详细的描写。特别是"大受欢迎"一词，如果不是看到了某种景象，记者不会轻易加上这个形容词；3.报道中提到的"圣诞节"邮票，实际是国家邮政局发行的"圣诞快乐"邮资信卡，而不是单独发行的邮票。4.由于专业与专业之间的距离，记者把2001年发行的"圣诞快乐"邮资信卡做为中国邮政首次发行，这个提法有误。实际上国家邮政局早在2000年就发行了"圣诞快乐"的邮资信卡。2000年发行的"圣诞快乐"邮资信卡才是中国邮政名副其实的"首次"发行。

我们再来说说用户打来电话的主要内容。用户电话记录内容如下："今天看到《参考消息》的报道，知道中国邮政发行了'圣诞节'邮票。圣诞节属于宗教节日。我国也不过这个节。发行这枚邮票不符合我国国情。"

首先，用户直接打电话到国家邮政局邮资票品司反映情况，既说明用户对国家邮资票品发行工作的关心和关注，也是对邮资票品司的信任。这难道不是一种爱国的行为吗？所以对用户的来信来电表示欢迎和感谢。

那么一定会有人问，当初发行"圣诞快乐"邮资信卡是出于什么角度考虑的呢？

我国改革开放以后，一些西方的节日如"圣诞节""情人节""母亲节""父亲节"以及"愚人节"等，陆续传入我国。毫无疑问，圣诞节是一种宗教节日，因为把它当作耶稣的诞辰来庆祝，也称为"耶诞节"。目前，圣诞节已成为西方世界以及其他很多国家和地区的公共假日，中国的香港、澳门地区也会在这一天放假。

这些节日在中国，特别是"圣诞节"和"情人节"等非常符合现代青年喜欢交往、喜欢联谊、喜欢聚会那样一种情趣。特别是我国长期实行"独生子女"政策，一个家庭一个孩子，青年之间的聚会，显然是对他们孤独生活的解脱，也是对紧张的学习、工作的一种放松。另外，圣诞节这个日子，又恰逢一年的年底，年底的欢聚和联谊还需要更多的理由吗？青年之间的聚会，男女之间的约会，更多的是情感之间的交流，没有任何宗教上的神圣仪式和活动。

1998 年，国家邮政局成立后，邮资票品司对发行这类邮资票品进行了研究和论证。总的认为，国家提倡和谐社会，我们能不能也在青年和群众非常关注的这个日子发行相关的邮资票品？最后确定以"圣诞快乐"这个名称发行一款邮资信卡。

邮资信卡作为青年男女之间，青年与青年之间，青年与家庭、与老师、与长辈之间感情交流之桥梁，是圣诞节之际互致问候最适宜的一种邮政用品。所以，国家邮政局发行"圣诞快乐"邮资信卡，注重的是人文关怀，重视的是家庭的和谐、社会的和谐，因而受到不少老百姓的欢迎。

弹指一挥间，时间不知不觉已走过了 17 个年头。17 年前的往事至今难忘，现记录于上。听凭诸位点评。

07

假邮票挑战中国邮政底线

假邮票主要是指不法人员模仿中国邮政发行的邮票图案，非法伪造或变造的各种"邮资凭证"。《中华人民共和国邮政法》规定："任何单位和个人不得伪造邮资凭证或者倒卖伪造的邮资凭证，不得擅自仿印邮票和邮资图案。"

我国改革开放以后，个别不法人员，出于利益的驱使，把赚钱的目光盯在制作和贩卖假邮票上。随着一些特大型城市在 20 世纪八九十年代出现的邮市"狂潮"，一些人开始在北京郊区、河北、浙江等地，利用私人印刷厂中的设备，仿造当时市场上的热点邮票和经典邮票。他们利用当时人们对假邮票防范意识不强或缺乏辨别假邮票的相关知识，用这些假邮票来赚取黑心钱。而进入 21 世纪以来，特别是近一两年，仿造假邮票的现象大有蔓延之势。除了一些经典的邮票如《庚申年》《从小爱科学》等之外，一般的纪念邮票和特种邮票，甚至普通邮票都成为造假者造假的目标。从 2016 年发现的假邮票来看，不论是涉及的品种还是查到的数量，都已达到惊人的程度。据北京邮政的冯涛同志向我介绍，在 8 个月的时间里，他就查出了面值 10 多万元的假邮票，在这批假邮票中，图案种类多达 96 种；面值从 50 分到 800 分，共 10 种。冯涛从 2001 年开始一直做着查堵假邮票的工作，之前每年也都能发现假邮票，但种类也就2种~3种，最多5种~6种，一年也就上千枚。但2016年假邮票呈井喷式发展，从1月份到现在已经查堵各种假邮票8万余枚。2016年1月14日他在丰台区方庄邮局发现并查堵了第一批假邮票，总共几十枚，面值近200元。当时一个用户以贴票付邮资的方式到方庄邮局营业前台交寄包裹，经初检觉得用户所使用的邮票有问题，经用专业放大镜检查后发现邮票的印刷版别与真票不相符。当时就和用户进行了沟通，并把邮票送去专业机构进行鉴定，经鉴定用户所持的几十枚邮票全部是伪造品，用户说是在网上买的打折票，价格非常便宜。同月又在通州区几个支局和海淀区世纪城支局所辖的10几个邮政信筒中开取出大量的贴票平信，后经鉴定全部为假邮票，5000余枚，面值总计7000余元，10余种图案。

　　近几年来，由于邮票经营许可审批的废止以及网购的流行，一些商家开始在网上销售各种打折票。许多人为了图便宜便在网上购买打折邮票。8元面值的在网上卖1.89元、1.2元的常用面值邮票0.3元左右就可以买到。这些网上销售的打折邮票基本都是假邮票。这些假邮票如果没有一些专业知识，一般人很难用肉眼鉴别出来。特别是近年来，造假者也在提高造假的技术含量，致使识别邮票的真假需要经过专业知识、技术培训和专业的工具。对于疑似的假邮票，冯涛都会把它们送到中国邮票博物馆邮票鉴定室、北京邮票厂、北京京安拓普文书司法鉴定中心三家专门鉴定邮票真伪的专业机构去鉴定。

　　由于2016年出现的假邮票特别多，冯涛每周都能接到来自全市16个城区邮政分公司下辖邮政网点送来的疑似假邮票。2016年查堵假邮票最多的一次是4月份在邮件分拣现场，共查出3.5万余件贴假邮票的邮件，粗略估算总面值约8万多元。这些只是查到的贴在邮件上的假邮票，那么没有查到的混进邮件里的假邮票有多少呢？推而广之，全国各地5万多邮政支局所收进来贴有假邮票的邮

件究竟有多少呢？恐怕数字相当惊人了。

　　邮票，是国家邮政部门发行的供用户寄递邮件贴用的邮资凭证。邮票上的面值，是用户购买的折合邮政劳务的价值。尽管目前邮政部门承担着国家普遍服务的责任，但面值与邮政付出的劳务不相匹配。即便如此，邮政职工所付出的劳务价值也决不能允许被非法占有，不法分子的违法行为也必须受到法律的严惩。

　　为此，建议：

　　1. 面对不法分子日益嚣张的侵犯邮政权益的违法行为，中国邮政应引起高度的重视，国家邮政局和中国邮政集团公司应共同研究

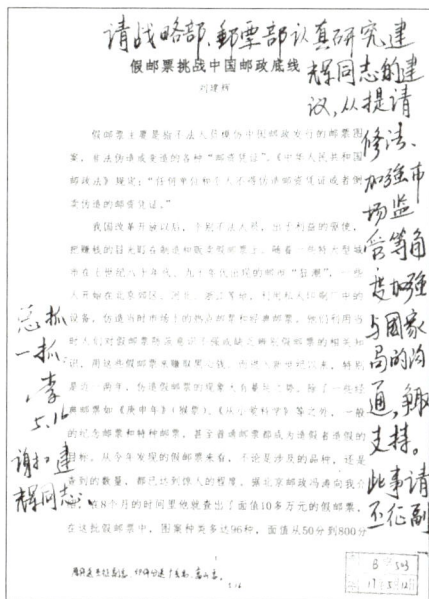

08

对策，联合国家相关部门，严厉打击制造、生产、运输、销售假邮票的行为。

2. 提请人大法工委修改《中华人民共和国邮政法实施细则》。1990 版的《中华人民共和国邮政法实施细则》第五十七条规定："以营利为目的，伪造邮资凭证，未经许可仿印邮票图案或者印制带有'中国人民邮政'字样明信片的，由邮电管理局或其授权单位处以 5000 元以下罚款，并没收非法所得和非法物品。"目前，这部 1990 版的《邮政法实施细则》并没有因原《邮政法》已修订而废止。在修订之前仍然适用。但条文中所表述的邮政铭记"中国人民邮政"早已改为"中国邮政 CHINA"，而"邮电管理局"这种组织机构也早已撤销。处罚的主体都已不存在，还奢谈什么处罚呢？条文中处罚的金额也过低，已起不到震慑违法行为的作用。因此，当务之急是要处罚有据。应尽快修订《邮政法实施细则》。

3. 提请人大法工委，就《刑法》第二百二十七条做司法解释。《刑法》第二百二十七条规定：【伪造、倒卖伪造的有价票证罪；倒卖车票、船票罪】"伪造或者倒卖伪造的车票、船票、邮票或者其他有价票证，数额较大的，处二年以下有期徒刑、拘役或者管制，并处或者单处票证价额一倍以上五倍以下罚金；数额巨大的，处二年以上七年以下有期徒刑，并处票证价额一倍以上五倍以下罚金。"其中，"数额较大"及"数额巨大"的数量标准是多少？

4. 应加大对假邮票的查堵力度。目前，为了保护邮政企业的合法权益，打击制造、运输、销售假邮票的违法行为，国家邮政局和中国邮政集团公司近期应专门组织力量，在全国进行一次或若干次突击查堵假邮票的工作，以摸清各省假票流通情况和源头，为下一步向人大法工委汇报做准备。

5. 要对国家邮政局的执法队伍和中国邮政集团公司下属的基层企业培训鉴别邮票的专业知识，将假邮票挡在一线窗口之外。

6. 要通过公益广告和都市晚报，提醒广大市民不要为了图便宜去购买打折邮票，防止买到假票上当受骗。告诉市民，各邮政网点都布署了严查假邮票的工作卡点，假邮票难以蒙混过关。请广大市民和邮政企业一道行动起来拒绝假邮票。

以上建议恕我冒昧直言，不妥之处望海涵谅解。但这是一个老邮政工作者的肺腑之言，仅供参考。

热血洒大地　方寸铸英魂

——我党我军早期领导人邮票的发行始末

2001 年 6 月 28 日，《中国共产党早期领导人（一）》纪念邮票发行。邮票画面分别为王烬美、赵世炎、邓恩铭、蔡和森和何叔衡。一些对邮票选题比较敏锐的集邮者发现，人物纪念邮票的发行改章程了。没错，这次发行的邮票相比之前发行的人物邮票，不是以纪念人物百年而发行，也不是延续每个人物发行两枚的做法，而是五个人物为一组，集中发行。那么邮票发行部门究竟是怎么考虑的呢？为什么采取这种发行方式呢？

1981 年，是中国共产党成立六十周年。当时党的总书记胡耀邦同志发表了一篇重要讲话。按照中央的指示精神，中国邮政在发行该题材邮票时，这篇讲话提到的人物就是依据。那么这篇讲话谈到哪些人物呢？现摘录有关部分如下：

"在庆祝中国共产党成立六十周年的时候，我们深切怀念毛泽东同志。我们深切怀念同他一起为中国革命的胜利、为毛泽东思想的形成和发展作出重要贡献的党的其他杰出领导人，伟大的马克思主义者周恩来、刘少奇、朱德，以及任弼时、董必武、彭德怀、贺龙、陈毅、罗荣桓、林伯渠、李富春、王稼祥、张闻天、陶铸等同志。我们还深切怀念我们党创建时期的重要领导人李大钊、瞿秋白、蔡

09

和森、向警予、邓中夏、苏兆征、彭湃、陈延年、恽代英、赵世炎、张太雷、李立三等同志。我们还深切怀念早年为党为国捐躯的人民军队的杰出将领方志敏、刘志丹、黄公略、许继慎、韦拔群、赵博生、董振堂、段德昌、杨靖宇、左权、叶挺等同志。我们还深切怀念长期同我们党战斗在一起，临终前又成为光荣的中国共产党党员，本世纪伟大的女战士宋庆龄同志，现代中国知识界的卓越前驱蔡元培先生，我国无产阶级革命文化的伟大旗手鲁迅先生。我们还深切怀念一贯支持我们党的党外亲密战友廖仲恺、何香凝、邓演达、杨杏佛、沈钧儒等同志。我们还深切怀念卓越的科学文化战士邹韬奋、闻一多、郭沫若、茅盾、李四光等同志。我们还深切怀念对中国人民革命胜利作出了重要贡献的著名爱国人士杨虎城、陈嘉庚、张治中、傅作义等先生。我们还深切怀念中国人民的亲密朋友、杰出的国际主义战士白求恩、史沫特莱、斯特朗、柯棣华等同志和斯诺、浅沼稻次郎、中岛健藏等先生。"

从 20 世纪 80 年代开始，中国邮政严格按照这篇讲话中提到的去世人物名单，在他们九十诞辰或百年诞辰时，根据中央的安排，陆续发行了纪念邮票。但是，名单中还有一部分党的早期领导人和人民军队早期将领由于去世或牺牲时间早，很多人连后代都没有。因此，我们从来也没有接到过他们的后代或亲属提出的发行邮票的要求。特别是这些先辈或先烈，在建党初期和创建人民军队的过程中，为中华民族的解放事业，殚精竭虑，英勇无畏地献出了他们年轻的生命。他们没有看到迎风飘扬在天安门广场上的五星红旗，也没有看到今天祖国晴朗、蔚蓝的天空。但是没有他们，就不会有天安门广场上的五星红旗，就不会有今天祖国晴朗、蔚蓝的天空。

我们推算了一下，如果这些先辈是 20 岁左右参加革命的话，到2001 年，也就是建党八十周年时，他们应该正好是百年诞辰。虽然他们的后代或亲属没有提出发行邮票的要求，但作为邮票发行工作的管理部门，不能忘记他们，不能忽略他们。在社会主义祖国的方

寸之地上应该有他们的位置，这样不仅当代的人们能够记住他们，缅怀他们的丰功伟绩，就是我们的子孙后代也能够通过邮票熟悉他们，记住他们。由于他们的出生年代相对集中，发行方式还是建议采取几人一组的方式比较好。那么先发行哪几位？建党初期的领导人和建军初期的我军将领是一起发行，还是分开发行？ 2000 年，国家邮政局向中共中央党史研究室发文请示，建议从 2001 年起的 10 年间，陆续印制发行尚未发行过的党的早期领导人和早期革命将领的邮票事，并希望上级部门能提出纪念邮票发行的具体参考意见。

2001 年初，中央党史研究室正式回复国家邮政局，提出了党的早期领导人和早期革命将领的判断标准，并分别列出了各组发行的建议名单：

一、关于党的早期领导人

判断标准

（1）出席中共一大的代表；

（2）中共二大中央执行委员会委员，三大、四大中央局委员，六大前政治局委员，六大中央政治局常委；

（3）胡耀邦在建党六十周年大会上开列的名单中尚未发行过邮票的。

排列顺序

第一批公布：参加建党，以牺牲先后排序。

（1）王烬美 （1925）

（2）赵世炎 （1927）

（3）邓恩铭 （1931）

（4）蔡和森 （1931）

（5）何叔衡 （1935）

第二批公布：早期工农运动领导人，以牺牲先后排列。

（1）高君宇 （1925）

（2）王荷波 （1927）

（3）苏兆征 （1929）

（4）澎湃 （1929）

（5）邓中夏 （1933）

第三批公布：1927 年以后牺牲的党的各方面负责人，以牺牲先后排列。

（1）陈延年 （1927）

（2）张太雷 （1927）

（3）罗亦农 （1928）

（4）恽代英 （1931）

（5）项英 （1941）

二、早期革命将领

判断标准

（1）中央军委公布的 36 位军事家；

（2）早期武装起义的代表人物，红军、八路军、新四军的重要将领；

（3）胡耀邦在建党六十周年大会上开列的名单中尚未发行过邮票的。

排列顺序

第一批公布：长征以前和陕北红军牺牲的，以牺牲先后为序。

（1）黄公略 （1931.9）

（2）许继慎 （1931.11）

（3）蔡升熙 （1932.10）

（4）韦拔群 （1932.10）

（5）刘志丹 （1936.4）

第二批公布：长征途中或后期牺牲的，以牺牲先后为序。

（1）赵博生 （1933.1）

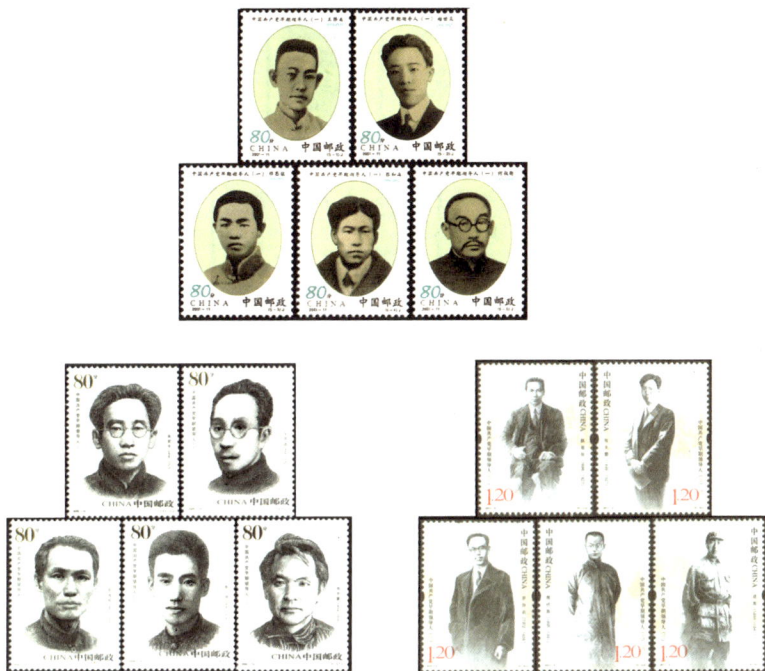

（2）段德昌 （1933.5）

（3）谢子长 （1935.2）

（4）曾中生 （1935.8）

（5）董振堂 （1937.1）

第三批公布：抗日战争、解放战争时期牺牲的，以牺牲先后为序。

（1）杨靖宇 （1940.2）

（2）左权 （1942.5）

（3）彭雪枫 （1944.9）

（4）罗炳辉 （1946.6）

（5）关向应 （1946.7）

根据中共中央党史研究室的批复精神，中国邮政按照《中国共产党早期领导人》和《人民军队早期将领》两个系列，分别安排发

行了纪念邮票。

《中国共产党早期领导人》三套纪念邮票分别安排如下：

一、2001年6月28日，（2001-11）《中国共产党早期领导人（一）》纪念邮票一套5枚发行，邮票图案表现的分别是王烬美、赵世炎、邓恩铭、蔡和森、何叔衡。

二、2006年6月30日，（2006-14）《中国共产党早期领导人（二）》纪念邮票一套5枚发行，邮票图案表现的分别是高君宇、王荷波、苏兆征、澎湃、邓中夏。

三、2011年2月21日，（2011-3）《中国共产党早期领导人（三）》纪念邮票一套5枚发行，邮票图案表现的分别是陈延年、张太雷、罗亦农、恽代英、项英。

《人民军队早期将领》三套纪念邮票分别安排如下：

一、2002 年 8 月 1 日，（2002-17）《人民军队早期将领（一）》纪念邮票一套 5 枚发行，邮票图案表现的分别是黄公略、许继慎、蔡升熙、韦拔群、刘志丹。

二、2005 年 8 月 1 日，（2005-26）《人民军队早期将领（二）》纪念邮票一套 5 枚发行，邮票图案表现的分别是杨靖宇、左权、彭雪枫、罗炳辉、关向应。

三、2012 年 8 月 1 日，（2012-18）《人民军队早期将领（三）》纪念邮票一套 5 枚发行，邮票图案表现的分别是赵博生、段德昌、谢子长、曾中生、董振堂。

其中《人民军队早期将领（二）》的发行时间正值中国人民抗日战争暨世界反法西斯战争胜利六十周年，而第三组中的杨靖宇、左权、彭雪枫三位烈士都是在抗日战争中为国捐躯的，因此将第三组提前安排在抗战胜利六十周年时发行，既是对烈士们最好的告慰，也是对他们最好的纪念。

每次翻看这张名单，都是对自己心灵的一次洗礼。看看他们壮烈牺牲时的年岁：

王烬美，生于 1898 年，1925 年为国捐躯，时年 27 岁；赵世炎，生于 1901 年，1927 年英勇就义，时年 26 岁；邓恩铭，生于 1901 年，1931 年英勇就义，时年 30 岁。

看着这张名单，再看看他们为民族解放、为新中国的建立牺牲时的年龄，不禁想起牺牲时也是 26 岁的匈牙利爱国诗人裴多菲的著名诗句"生命诚可贵，爱情价更高，若为自由故，两者皆可抛"。

今天，可以告慰先辈的是，你们的英名将通过邮票一代一代传下去；你们的革命精神必将化作无穷的力量，激励我们为中华民族的伟大复兴，为实现两个一百年的中国梦而努力奋斗！

09

《中国人民解放军大将》纪念邮票发行始末

　　2005 年 9 月 27 日，原国家邮政局发行了《中国人民解放军大将》纪念邮票，这套邮票以连印的方式纪念 10 位开国元勋。10 位大将分别是粟裕、徐海东、黄克诚、陈赓、谭政、萧劲光、张云逸、罗瑞卿、王树声、许光达。

　　十位大将的授衔时间还要追溯到 50 年前，那是中华人民共和国成立后的首次授衔。1955 年 9 月 27 日，中共中央在国务院举行授衔典礼，周恩来总理把大将军衔的命令状授予粟裕等将领。授衔的顺序是：以功劳最多、资历最深的粟裕为首，并按此标准排序，依次是徐海东、黄克诚、陈赓、谭政、萧劲光、张云逸、罗瑞卿、王树声、许光达。十位大将个个身经百战、出生入死、战功赫赫，很多都参加过北伐战争，在土地革命、抗日战争、解放战争中为中国人民的解放事业建立了卓越功勋。

　　1955 年，十位中国人民解放军大将都被授予一级八一勋章、一级独立自由勋章、一级解放勋章荣誉。

　　说到《中国人民解放军大将》这套邮票，不能不提一位老同志。这位老同志就是原邮电部离休老干部陆逸，陈赓大将的弟媳。2002 年 12 月 16 日，年届八十的陆逸给原信息产业部的领导写了一封信，大

意是：2003 年 2 月是陈赓同志诞辰 100 周年。中央将举行纪念会。由于活动时间紧迫，原先也未考虑周到，邮票已来不及报批制作，故只好采取简要办法，能否出个"纪念封"及"个性化"邮票，以作为历史纪念意义的标记。想请您大力支持。

　　这封信的后面附着陈赓大将的夫人傅涯写给当时中央领导同志亲笔信的复印件以及中央军委办公厅呈报军委领导的批示件。正是这封信，引发了后面十大将亲属发行邮票的提议。

　　信息产业部将此件批转给当时的国家邮政局局长刘立清。10 月 24 日上午，刘立清局长亲自请陆逸同志到国家邮政局，就发行陈赓大将纪念封事与她进行了沟通。当时在国家邮政局邮资票品司任职的我，参加了这次会见。寒暄之后，刘立清局长让我介绍了"纪念封"和"邮票个性化服务"的特点和业务流程。刘立清局长建议制作一枚纪念封较好。经过商谈，陆逸接受了刘立清局长关于为陈赓大将制作一枚纪念封的建议。最后商定，制作纪念封由票品司安排，有关纪念封的纪念文字材料以及陈赓大将的标准像请陆逸同志提供。会后，邮资票品司向集邮总公司下达了制作陈赓大将诞生 100 周年纪念封的任务。这件事算是比较圆满地解决了。

2003 年，陈赓大将的纪念会开过不久，十大将的亲属联名给当时的信息产业部部长王旭东写了一封信：

王旭东同志：

1955 年 9 月 27 日，毛泽东主席授予粟裕、徐海东、黄克诚、陈赓、谭政、萧劲光、张云逸、罗瑞卿、王树声、许光达大将军衔。1988 年和 1994 年，中央军委审议通过了以毛泽东、周恩来、朱德、邓小平等为代表的 36 人为军事家，以上十大将均位列其中。1955 年授衔的元帅、大将都已成为历史。

我们十大将的亲属和后代希望在 2005 年 9 月 27 日授衔 50 周年之际，能够出版一套十大将的纪念邮票，并分别为十大将每人出版一套邮折和纪念封，以缅怀他们的历史功绩。

郝治平（签字）　　　楚青（签字）

黄楠（签字）　　　　邹靖华（签字）

杨炬（签字）　　　　肖纪龙（签字）

张远之（签字）　　　徐文伯（签字）

傅涯（签字）　　　　谭泽代（签字）

在这封信上签字的十大将亲属分别是：郝治平，罗瑞卿大将夫人；楚青，粟裕大将夫人；邹靖华，许光达大将夫人；杨炬，王树声大将夫人；傅涯，陈赓大将夫人；徐文伯，徐海东大将长子；黄楠，黄克诚大将长女；张远之，张云逸大将长子；肖纪龙，肖劲光大将幼子；谭泽代，谭政大将侄子。

由于各位大将的亲属对邮票发行工作不太熟悉，将邮票发行与制作发行邮折、首日封，误写为"出版"，也情有可原。但"门"却找

对了。当时邮票发行工作由尚未政企分开的国家邮政局负责，而信息产业部就是国家邮政局的直接主管部门。王旭东部长见到信后，将信批转到国家邮政局。国家邮政局接到王旭东部长的批示后，当即指示我速研究并联系中央有关部门，提出意见。

邮资票品司在征求了中央有关部门及部分同志的意见后，由国家邮政局正式向中共中央宣传部行文请示：建议在2005年适当时机发行《中国人民解放军大将》纪念邮票一套10枚（每人一枚）。

时隔不久，国家邮政局即接到同意发行的回复。发行邮票的工作摆上了日程。

发行这套邮票的任务下达给邮票印制局后，编辑这套邮票的工作迅速展开。邮票印制局最后确定负责这套邮票的编辑是秦巍。邮资票品司和邮票印制局相关部门经过论证后，确定了此套邮票基本方向：

一、采取以十位大将戎装照为蓝本，进行再创作的设计方法。

其原因有三：一是戎装照能够明确地表明十位大将的特殊身份；二是更好地表现出十位大将威武的军人风采，突出邮票主题；三是考虑到邮票枚数较多，统一以戎装照为蓝本，容易把握整套邮票的协调性。

二、关于邮票名称及规格：

邮票名称：中国人民解放军大将

枚数：1套10枚

规格：30mm×40mm

邮票内容（按照授衔顺序排名）：

1.粟裕 2.徐海东 3.黄克诚 4.陈赓 5.谭政 6.萧劲光 7.张云逸 8.罗瑞卿 9.王树声 10.许光达

三、设计手法：以绘画为主。

采用毛笔与皴加碳笔手绘，追求硬朗的效果，文字部分用电脑设计。整套邮票统一为正面半身像，黑白人物，土红色文字点缀。人物尽可能突出大奖的军衔特征，减去不必要的元素，着力刻画十位大将的个

性风范。

根据这套邮票的设计特点，确定采取特约设计者的方案。由中央美术学院教授马刚担纲设计。

邮票设计不同于其他绘画。邮票设计是一种命题作画，即必须按照下达的题目去设计。对于十大将邮票设计来说，首要的就是要找到十位大将 1955 年授衔时戎装的半身像。编辑秦巍犯难了，这些大将的亲属都身居一个个大院，怎么才能一个不落地找到他们呢？恰在此时，一个突然出现的人，帮了秦巍的大忙。这个人叫徐文慧，徐海东的女儿。徐文慧是个热心人，一听秦巍的诉说，马上一口应允。秦巍，你放心，联系十大将亲属，包在我身上。原来，十大将的亲属们，由于父辈特殊的经历和战争时期的生死之交，一直交往不断。尽管十大将相继离世，但后辈们至今都情同手足。

在徐文慧的帮助下，从十大将的亲属手里得到了非常珍贵的照片。但由于时间久远，照片的质量不太理想。为了找到更好的照片，为下一步设计打好基础，秦巍又分别走访了中国人民解放军总政治部、解放军画报社、中国人民革命军事博物馆、国家博物馆、新华社等单位。功夫不负有心人，最后在解放军画报社的大力协助下，十大将半身戎装照全部找到！

马刚对十大将的照片仔细揣摩、消化之后，设计稿如行云流水，一气呵成。2004 年 11 月 8 日，国家邮政局第一届邮票图稿评议委员会第十七次会议对这套邮票图稿进行了评议。专家评议认为，素描画得不错。建议修改如下：大将的头像大小要一致，着装及勋章的佩戴应统一；增加姓名和生卒年。评议结果：同意特约设计者修改。

设计者依据评审委员会和十位大将亲属的意见，对图稿做出了相应的调整。一是调整十位人物占整个画面的比例，十幅图稿基本保持一致。二是修改勋章位置，统一佩戴在十位大将的右侧，斜着成一条线依序排列，依次是一级八一勋章、一级独立自由勋章和一级解放勋章。三是增加姓名和生卒年。四是依据张云逸大将亲属建议，对人物的面部进行处理，使其显得更加年轻。

2004年12月27日，修改好的邮票图稿再次征询十位大将亲属意见，大部分认可设计方案，部分亲属也提出了部分修改建议。根据亲属意见，马刚再次进行修改并获得了十大将亲属的认可。与此同时，图稿的图案也通过了军事科学院专家蒋凤多的认可和鉴定。

这套邮票定在什么时间发行呢？2005年9月27日，恰是十大将授衔整整50周年，这也是十大将亲属们的愿望和呼声。邮资票品司根据雕刻版雕刻预留的时间和胶雕套印的印制时间，最后确定发行时间为2005年9月27日。

2005年8月1日。就在中国人民解放军建军78周年的当天，国家邮政局正式下达了发行《中国人民解放军大将》纪念邮票的通知。

10

为你点赞
——英雄的中国人民解放军

20世纪初叶，苦难深重的中国大地上，一支崭新的社会力量如一轮红日，喷薄而出。他向世人宣告，一个无产阶级的政党将正式登上中国的政治舞台。

这座上海典型的二层石库门楼房是中共一大代表李汉俊的宅邸，1921年7月23日，它见证了中国共产党第一次全国代表大会的召开。12位代表受全国50多名共产党员的委托，谋划解放劳苦大众，建设文明、富强之中国的蓝图。会议中途，代表们在暗探和巡捕的干扰下，转移到嘉兴南湖的一条游船上结束了最后一天的会议。大会制定的党的第一个纲领、奋斗目标就是：以无产阶级革命军队推翻资产阶级。这一目标表明，中国共产党自成立之日起，就旗帜鲜明地提出要用武装斗争打碎旧的国家机器，由劳动阶级"重建国家"。清清楚楚地表明建党伊始已经把建立党领导下的人民军队摆上了日程。

1927年8月1日，爆发了由中国共产党领导的南昌起义。中国共产党人没有被国民党反动派"4·12"血腥屠杀所吓到，他们揩干净身上的血迹，掩埋好同伴的尸体，打响了武装反抗国民党反动派的第一枪。周恩来、贺龙、叶挺、朱德、刘伯承等领导了武装起义。南昌起义是中国共产党独立领导革命战争的开始，在全国树起了一面鲜明的武装夺取

11

政权的旗帜。人民军队从此诞生。

　　几乎与此同时，毛泽东领导的秋收起义在湖南打响，然后起义队伍向反革命势力薄弱的农村转移。在江西永新县的三湾进行了改编，把党的支部建在连上。奠定了党指挥枪，建设新型人民军队的制度基础。

　　峰峦叠嶂的井冈山地区成为革命队伍根据地。1928 年 4 月，毛泽东率领的秋收起义部队与朱德、陈毅领导的部分南昌起义部队在宁冈会师。两支队伍合编为中国工农革命军第四军，朱德任军长，毛泽东任党代表。井冈山革命根据地的创建和发展，给苦难的中国人民带来了光明和希望。

　　人民军队的逐渐强大和红色政权的建立，引起了国民党统治集团的极度恐慌，1930 年 8 月至 1934 年 10 月，蒋介石先后进行了五次大规模"围剿"。中央红军在毛泽东的军事战略指导下，取得了四次反"围剿"的胜利。毛泽东撰写了气势磅礴的诗词：万木霜天红烂漫，天兵怒气冲霄汉……齐声唤，前头捉了张辉瓒。在《渔家傲·反第二次大"围剿"》中写到：七百里驱十五日，赣水苍茫闽山碧，横扫千军如卷席。革命的大好形势，却被"左"倾错误路线断送。

　　第五次反"围剿"的失败，中央红军被迫进行战略转移，开始了艰

苦卓绝的长征。1935 年 1 月，为了集中解决当时刻不容缓的军事和组织问题，中央红军在贵州北部重镇遵义召开了政治局扩大会议，改组了中央领导机构，正式确立了毛泽东在中央和红军中的领导地位。遵义会议在革命的危机关头，挽救了革命，挽救了红军，为取得长征的最后的胜利奠定了基础。

中国工农红军在中国共产党和毛泽东的领导下，从不同的地方出发，经由不同的路线，冲破几十万敌军的围追阻截，克服难以想象的艰难险阻，历经两年，创造出中国乃至世界革命史上的伟大奇迹。毛泽东说：长征是历史记录上的第一次，长征是宣言书，长征是宣传队，长征是播种机。长征是以我们的胜利、敌人的失败的结果而告结束。

1937 年 7 月 7 日，日本炮轰宛平城，制造了全面侵华的卢沟桥事变，也把中华民族推向生死存亡的危急关头。在这场全民族的抗日战争中，中国共产党领导的人民军队，以同仇敌忾、勇于牺牲的精神，发挥了中流砥柱的作用。

1937 年 9 月 23 日，朱德、任弼时、邓小平、左权等率八路军总部进驻山西五台山指挥战斗。25 日，八路军一一五师主力在晋东平型关成功伏击日军精锐坂垣师团一部，歼敌 1000 余人。平型关大捷是"七七"

事变仅 2 个月后，中国军队主动对日作战取得的第一个重大胜利，振奋了全国军民抗日的信心和斗志。

自 1937 年"七七"事变至 1945 年 8 月日本无条件投降，八路军作战近 10 万次，歼灭日伪军 124 万余人。新四军对日伪军作战共 2 万余次，毙伤日伪军 29.37 万余人。共产党领导的人民军队，由小到大，由弱到强，成为抗日战争的中坚力量。

抗日战争胜利后，在中国两种命运、两种前途决战的历史时期，人民军队在中国共产党的领导下，粉碎了国民党统治集团消灭共产党和人民军队的企图，从战略防御转为战略进攻，并取得了辽沈战役、平津战役、淮海战役的全面胜利，也为新中国的建立奏响了凯歌。

1949 年 4 月 21 日凌晨，在国民党集团拒绝在《国内和平协定》上签字的情况下，毛泽东、朱德发布命令，要求人民解放军奋勇前进，坚决、彻底、干净、全部地歼灭一切敢于抵抗的国民党反动派，解放全中国！

由人民解放军第二野战军、第三野战军和第四野战军组成的先遣兵团，强行渡江，一举突破国民党苦心经营的长江防线。23 日晚，人民解放军占领南京，宣告国民党反动统治的灭亡。

历经近 30 年的浴血奋斗，人民军队在党的领导下，终于打出了一个由无产阶级当家做主的新中国。多少血肉之躯为了国家独立、统一、民主、富强的千秋大业，永远长眠于他们挚爱的神州大地上，他们没有看到新中国成立时升起的第一轮红日。但这座纪念碑永远记录下了他们的丰功伟绩。1949 年 9 月 30 日，毛泽东在人民英雄纪念碑奠基仪式上，宣读了他亲自起草的碑文：

三年以来，在人民解放战争和人民革命中牺牲的人民英雄们永垂不朽！

三十年以来，在人民解放战争和人民革命中牺牲的人民英雄们永垂不朽！……

新中国的建立，开创了中华民族伟大的新纪元。人民军队则承担起

　　了全新的使命：保卫祖国，为建设一个统一、民主、富强的新中国保驾护航。

　　1950年，正当中国人民医治战争创伤，意气风发重建频于崩溃的国民经济时，一场突如其来的战争降临到毫无思想准备的中华民族的头上。以美国为首的"联合国军"越过"三八"线，向中国边境挺进，"抗美援朝，保家卫国"成为中国人民解放军新的历史使命。毛主席、党中央一声令下，中国人民志愿军雄赳赳气昂昂地跨过鸭绿江，迎头痛击骄横无比的美国军队。从1950年10月到1953年7月，武器落后，装备落后，甚至衣衫单薄的志愿军与武装到牙齿的美国兵进行了一场殊死较

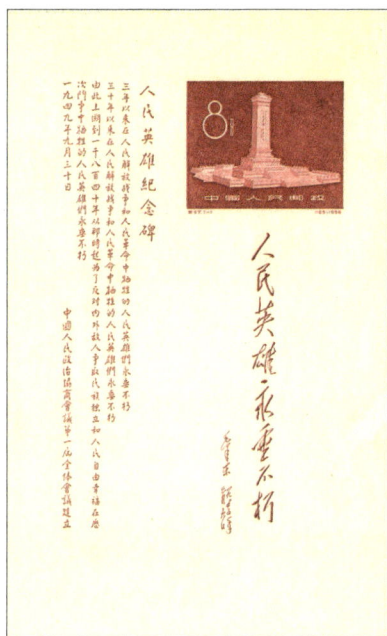

量。3 年的时间，中国人民志愿军打出了军威，打出了国威，硬是把自视强大的美国及"联合国军"赶回了"三八"线以南，让他们乖乖地在《朝鲜停战协定》上签了字。1958 年，让世界各国刮目相看的中国人民志愿军胜利凯旋。

中国人民解放军在自然灾害面前，也承担了中流砥柱的光荣责任。1998 年 9 月 15 日清晨，数十万九江市民汇聚在十里大道和"凯旋门"下，挥泪为抗洪期间保卫九江首批回撤的子弟兵送行。在长达 50 多天的抗洪抢险中，中国人民解放军和民兵出动 101 万人次，抢救被困群众 33997 人，抢险排险 910 次。保住了历史名城九江，保护了 44 万九江民众免受灭顶之灾。九江市人民用这种朴素的方式表达他们对子弟兵的感激之情。

2008 年 5 月 12 日 14 时 28 分，四川汶川发生里氏 8 级强烈地震，

给当地人民造成了巨大损失。灾情就是命令！在交通中断的情况下，武警驻川部队某部强行军 21 小时，翻山越岭，徒步 90 公里，第一个到达地震灾区，展开施救，在总参统一指挥下，又一场战争打响，来自各军区的精锐部队成为了抗震救灾、人员施救、恢复生产的主力军。

无论是在新中国成立初期，还是在改革开放的年代，哪一次灾情没有你们的身影，哪一次祖国的安危，没有你们的冲锋陷阵？

在人民军队诞生的 90 年里，英雄辈出，一个个闪光的名字像一座座丰碑，永远镌刻在中华民族的史册上，董存瑞、黄继光、邱少云……在和平年代，一名普通的解放军战士成为时代的楷模，55 年前，毛主席题词"向雷锋同志学习"，让这名普通的汽车兵成为全国人民道德的楷模、学习的榜样。55 年来，雷锋，一个如灿烂朝阳般的名字，始终照耀着公众的心灵；55 年过去了，雷锋精神依然在中华民族的历史长河里澎湃向前，奔流不息。

今天，回顾人民军队的光荣历史，我们为你点赞，为你们前仆后继打下的红色江山点赞，为你们涌现出了一代又一代的英雄人物点赞！为你们对人民的无限忠诚点赞。敬礼，伟大的人民军队！

《知识青年在农村》邮票设计始末

我曾经和邵柏林先生有过一次对话。对话的内容涉及到他所设计的几十套邮票。

刘：邵老师，在您所设计的几十套邮票中，您最喜欢的或者说最中意的作品是哪一套？

邵：（笑了一下）你猜猜？

刘：您设计的优秀邮票太多了。比如，《齐白石作品选》《牡丹》《西周青铜器》……

邵：（摇了摇头，又笑了）都不是。

刘：那一定是《故宫》？

邵：也不是，《故宫》仍有改进的空间。

刘：这也不是您的中意之作？您的中意之作是什么呢？

邵：《知识青年在农村》。这套邮票是我 1964 年设计的，一转眼过去 50 多年了。

刘：这真是让我大感意外。我搜肠刮肚也没有想到会是这套邮票。"知识青年"对于我来讲，真是一个久违了的名词，因为我也曾是这个群体中的一员。

说起"知识青年"这个特殊的、容易联想起那个年代的称谓，恐

12

怕在 40 岁以下年轻人的字典里，找不到这个名词。

我查了一下，《知识青年在农村》这套邮票的发行时间是 1964 年 9 月 26 日。当时为什么要下达这么一套选题呢？这恐怕和 20 世纪 60 年代初国家大力宣传知识青年上山下乡的典型，鼓励知识青年到农村去这项政策不无关系。

1955 年，河南省郏县大李庄乡有一批中学毕业生回乡参加农业合作化运动，报上发表了《在一个乡里进行合作化规划的经验》，报道了这个乡的事。毛泽东主席读了很兴奋，亲笔写了按语："一切可以到农村中去工作的这样的知识分子，应当高兴的到那里去。农村是一个广阔的天地，在那里是可以大有作为的。"

20 世纪 60 年代，我国计划经济体制所暴露出来的问题日益突出，劳动就业的出路越来越窄。另外由于长期忽视计划生育，使我国人口呈几何比例上升，城市人口激增，升学就业的问题更是积重难返。同时，20 世纪 60 年代初又连续出现饥荒，我国经济进入了空前的困难时期，再加上中苏关系开始恶化，苏联的援建项目陆续下马，导致大量裁减职工。苏联又催还贷款，致使我国经济出现低谷。面对如此的内忧外患，党中央针对具体国情，为了缓解城市的压力，解决我国人口众多、经济文化发展不平衡的问题，就把知识青年上山下乡作为一项在全国范围内有组织、有计划开展的长期工作确定下来，随着经济建设的不断发展，这一做法逐渐成为调节城乡劳动力的重要一环。从 1962 年秋到 1966 年夏，4 年共有 129 万知识青年下放到农村。在这些知青中，有一些是主动响应党和国家号召，放弃了升学、就业的机会，立志从事农村和边疆建设的青年。他们在知识青年建设农村和边疆的事业中，起到了开拓者的作用，比如全国闻名的回乡知青徐建春、吕根泽，城市下乡知青王培珍、邢燕子、侯隽等。

我当时是 65 届的老初三毕业生，毕业前夕，学校还请来北京知识青年的榜样侯隽到学校作报告，鼓励毕业生到农村去。所以，中央宣传部当时下达这样一个选题到邮票发行局，是党和国家当时的政策决

定的。

"文革"之中，又有一个上山下乡的高潮。对几百万城市青年的大迁移，很多评论和文学作品都已有描绘和评价，这里不再赘述。

邵：《知识青年在农村》这个题材是中宣部下来的政治任务，发行局非常重视。就是说，不仅要完成，而且要完成好。但是，这个题材到了设计室后，没有一个人报名设计这个选题。

刘：为什么呢？

邵：难！表现起来太难。这个选题上级要求表现的是：1.农村广阔天地大有作为；2.知识青年上山下乡接受贫下中农再教育；3.强调表现阶级斗争、生产斗争、科学实验三大斗争。

方寸之地的邮票要表现和承担如此重大的内容，它不仅仅是邮票的难题，放到任何人肩上都是一个不堪重任的难题。

刘：谁都没有报这个选题，最后怎么让您来设计呢？

邵：没有人报这个选题，局里的领导犯难了，宋兴民找到我：老

邵，还是你来吧。最后，没有让革命同志去画，反而让我这个当时的"右派分子"来完成这个任务。

刘：我知道您是1957年被打成"右派"的，一直到1979年才经胡耀邦同志过问，被平反的。

邵：是的，我将永远感念胡耀邦同志的明镜高悬。"右派"的帽子我戴了整整22年。一边接受改造，一边还要完成革命任务。好在我有多年在农村劳动的"生活体验"。

刘：我看了邮票，4枚，有收麦、植树，这肯定是表现生产斗争的。戴白羊肚手巾的老汉和知识青年正交流的这枚是科学实验。那阶级斗争是怎么表现呢？

邵：你看看第三枚。这一枚是表现阶级斗争的。

刘：这上面是一张打开的《人民日报》啊，那不是读报学习吗？怎么是表现阶级斗争呢？

邵：对，这是1964年2月4日人民日报发表的"九评"中的第"七评"。"九评"是当时中共中央对苏联赫鲁晓夫修正主义集团公开发表的九篇批判文章。我设计这套邮票时，正赶上中共中央发表第七篇批判文章。图中摊开的人民日报正是当时"七评"的版面。你想想，我能画斗地主、斗资本家吗？20世纪60年代最大的阶级斗争是什么，是和"苏修"的论战，因此，用这样的画面反映阶级斗争不是既含蓄又恰当吗？

这套邮票我采用的是杨柳青年画的形式，杨柳青年画本身来自农村，来自民间。它的特点是简洁、古朴、色彩对比又强烈，是反映农村题材的好形式。这套邮票设计几易其稿后，我就带着图稿去请教老师——中央工艺美术学院的院长张仃先生。张仃先生看后，用少有的肯定口气鼓励我：《知识青年在农村》邮票用杨柳青年画的形式表现很好，但要注意出新，新的内容，新的杨柳青年画形式，新的时代精神。

按照张仃先生的意见，我对邮票图稿又进行了部分调整。最后，呈报给了局里。

当时邮票发行局的领导是宋兴民。他亲自带着"知识青年在农村"

邮票图稿到中宣部宣传处送审报批。宣传处的负责人一边看一边问:"这是中央美术学院周令钊教授画的吗?"

"不是,是我们自己人画的。"宋兴民得意地摇摇头回答。

中宣部宣传处只对第四图提出意见,认为科学实验图把知识青年画在上方,贫下中农画在下方,不妥,至少应当改为平起平坐。

根据中宣部的意见,我又对《知识青年在农村》邮票的第四图进行了调整。

宋兴民回到局里后,立即召开了中层干部会,传达了中宣部审查的意见。

邵:这里我想强调说明的是:邮票领域里的政治题材绝不是哪个人有感而发,而是"命题之作"。希望喜欢邮票的人们,多从特定的角度,"考官"的角度,观察分析作者是如何破茧而出,破题而作的。

1964年9月26日,《知识青年在农村》特种邮票发行。

往事不能如烟

——"猴票"发行过程中不为人知的背景和细节

　　我在《生肖邮票设计者的往事撷英》一文中，曾有过这样一段描述：1979 年 1 月 1 日，邵柏林夫妇又去看望刚从"风雨"中走出来的黄永玉，并提出请黄永玉先生画一组动物邮票。黄永玉先生一口应允，并向邵柏林建议：为何不发行一组生肖邮票呢？

　　为什么邵柏林先生非要请黄永玉画一组动物邮票呢？这就涉及到当时的社会背景和黄永玉的一段不堪回首的往事。

　　1973 年，时任国务院总理的周恩来为顺应形势需要，在北京组织一些全国知名的画家为建设中的"新北京饭店"创作"宾馆画"。中央美院和中央工艺美院的吴作人、李可染、黄永玉、吴冠中、袁运甫等都从河北陆续调回北京作画。经万里批准，袁运甫、黄永玉、吴冠中等拟从上海沿江而上进行写生，为"新北京饭店"大厅回廊的大型壁画做准备。黄永玉临行前，在画家许麟庐的家中，为南京画院画家宋文治的册页中画了一幅猫头鹰图。黄永玉画的这只猫头鹰睁一只眼闭一只眼。正是这幅画，险些为他招来"杀身之祸"。

　　1974 年 3 月 15 日，"四人帮"为攻击周恩来，在中国美术馆策划了"黑画展"，黄永玉和其他一些著名画家的作品，都被批判展览。特别是黄永玉画的猫头鹰首当其冲，被放在一个非常明显的位置上。黄永玉也被

打成"反革命黑画家"。

1974 年 3 月 29 日，《北京日报》发表的一篇文章《评为某些饭店宾馆创作的绘画》一文中写到：

在一批绘画中，有不少是以动物为题材的。什么睁一只眼闭一只眼的猫头鹰，恶狠狠的老虎，疲惫的骆驼，翻白眼的秃鹰等。是作者们为了帮助人们"识于鸟兽草木之名"而搞得动物图像吗？否！他们所以特别喜爱这些丑恶的形象，玩的不过是"三家村"指桑骂槐的老把戏。这样的黑画，都是射向社会主义，射向无产阶级文化大革命的毒箭！

你看，这幅睁一只眼闭一只眼的猫头鹰，不是充分暴露了炮制者仇恨社会主义革命现实，仇恨无产阶级文化大革命的敌对情绪吗？这幅黑画的炮制者在无产阶级文化的革命前就曾炮制过一系列以动物为题材的反动寓言，恶毒攻击无产阶级在上层建筑里的专政是什么蜘蛛的"罗网"，谩骂大跃进好像"拉磨的驴"只能在原地转圈等。就是这个人，对无产阶级文化革命中革命群众对他的批判，一直心怀不满，甚至在图章上刻上"无法无天"的字样，妄想否定无产阶级专政的法，变社会主义的天。《猫头鹰》这株毒草正是炮制者这种反动心里的集中表露。

"反革命黑画家"这顶骇人的帽子让黄永玉的很多朋友都悄悄地消失了。在那个风声鹤唳充满恐惧的日子，人人都惟恐避之不及啊！但有一个人，没信那个邪。这个人就是 1957 年被莫须有的罪名打成"右派"的邵柏林。邵柏林 1953 年毕业于中央美术学院，当时的校长就是大名鼎鼎的徐悲鸿，名誉校长是齐白石老先生，教务长是吴作人。李可染、张光宇、张仃、叶浅予、董希文等著名大家都是学校的老师，黄永玉后来也进入学校任教。尽管黄永玉并没有教过邵柏林，但是崇尚师生之情的邵柏林，看到老师遭此不白之冤，决心用他特有的方式，表达对老师的理解、支持与声援。1975 年的春节，邵柏林带着夫人，踏进了北京站附近的钟声胡同——黄永玉的家。这让已经远离大众的黄永玉倍感意外。从此，邵柏林每逢节假日，必去登门拜访的，黄永玉家就是其中之一。

后来，黄永玉在一篇文章中写到：在"四人帮"横行的日子里，邵柏林夫妇常来看我。我曾开玩笑地说，朋友有胆子在打翻的巢里来看我的，邵氏夫妇就是其中之一。我总是很珍惜这一点情操，觉得朋友相处，这一点很重要。

1978 年 11 月，党的十一届三中全会召开，"文革"被彻底否定。全党的工作转到了以经济建设为中心的轨道上来。黄永玉也获得了彻底平反，从北京站的钟声胡同搬到了三里河新居。

1979 年元旦，邵柏林又一次去看望刚刚从"风雨"中走出来的黄永玉。这一次，邵柏林另有一番打算，除了看望黄永玉，还有一件事，就是想向黄永玉约稿。他打算约什么图稿呢？动物。5 年前，黄永玉画了一幅猫头鹰，竟被"四人帮"打成"黑画"，今天，邵柏林拟约一组动物邮票图稿，希望为黄永玉正名。

黄永玉立刻答道，何不发行一组生肖邮票呢？12 年我都给你们画。邵柏林觉得这是个好主意，并与黄永玉商定，一周后来取图稿。

1 月 9 日，邵柏林如约到黄永玉家取稿，一幅大红底、黑色的毛猴画呈现在邵柏林面前。这让邵柏林兴奋异常，毫无疑问，一套精彩的邮票呼之欲出了。这幅图稿是在玉版宣纸上画的，为了保护好图稿，邵柏林立即赶往琉璃厂的荣宝斋，为这幅图稿做了装裱。

邵柏林将裱好的图稿交到邮票发行局，等待局里下一步的消息。谁知，2 个月过去了，竟石沉大海无消息。

1979 年 3 月 1 日，经邮电部批准，邮票发行局派出以薛铁为团长，吴凤岗、于名川为团员的代表团，赴香港参观和考察香港邮票展览。

1979 年 4 月 21 日，吴凤岗自香港返京后，编写了邮票发行局内部的简报《参考资料（六）》，介绍了香港地区发行生肖邮票和生肖金币的情况。此后的 2 个月，是否安排发行生肖邮票，仍没有下文。

1979 年 6 月 9 日，邮电部"部邮人字第 431 号文"，正式任命宋兴民为邮票发行局局长，周保昌、曹双禄、王醒华、倪贯一为副局长。宋兴民由邮政总局下派到邮票发行局任一把手，终于结束了邮票发行局群龙无首的局面。此事距邵柏林上报生肖图稿，已然过去了整整 5 个月，仍渺无音讯。

时间一天天过去，猴年的春节却一天天逼近。

度日如年的邵柏林，最怕的就是黄永玉先生所画的图稿，错过了"庚申"这一年。这么精彩的图稿，一旦错过，就要再等上 12 年，太可惜呀！几经等待、几经掂量、几经斟酌、几经催问，他搞不明白，究竟是何种原因挡在生肖邮票发行的路上？

遗憾的是，宋兴民先生早已驾鹤西去。我们无法知道其中的个中

缘由。

邵柏林在苦苦等待了漫长的 10 个月煎熬之后，曙光终于出现了……

1979 年 11 月 6 日，邮票发行局建议从 1980 年开始发行"年票"的签报正式报部，签发人是宋兴民（签报中的"年票"指的就是生肖邮票）。

1979 年 11 月 12 日，签报上在供部领导批示的空白处，添上了邮电部值班室（秘书处）的注：

"一九七九年十一月十二日部长办公会议审查同意发行。"

在这个请示中，虽然指的是发行"年票"，《庚申年》的名称还未出现，但是按照干支纪年且从"猴年"开始发行系列生肖邮票已获得邮电部的批准。这个批件是发行系列生肖邮票的根据，也是获得发行"猴年"生肖邮票的尚方宝剑。

但是，此时距《庚申年》邮票发行的日期，只有短短的 95 天！后续的邮票设计、雕刻、印制一系列工作，都要在 95 天内完成，何其难哪！为了抢时间，就在邮电部批准的当天，也就是 1979 年 11 月 12 日，邮票发行局"关于《庚申年》特种邮票的订印函"紧急下到北京邮票厂。为了不影响发行，邮票发行局当时真可以用"火急火燎"来形容。签发人是原邮电部邮票发行局副局长倪贯一。文件如下：

主送：北京邮票厂

文号：（1979）票发字第 58 号

我局特请黄永玉同志设计的《庚申年》特种邮票，业经邮电部批准，并定于明年春节前发行，现请你厂印制。详情如下：

《庚申年》特种邮票，志号 T.46（1-1）1980。

邮票面值 8 分，规格 26mm×31mm，印量 500 万枚，雕刻影写印制。

黄永玉想一试雕刻

我国从 1967 年以后，绝大部分邮票的印制均采用影写，即照相凹版。为什么这套邮票要用雕刻影写方式印制呢？源于邵柏林对雕刻版的钟爱。邵柏林曾说，我对雕刻版印刷情有独钟。所以，在邵柏林的一再坚持下，从第一套生肖邮票开始，雕刻影写方式嵌入了生肖系列邮票的血脉。

邵柏林亲自向我介绍了雕刻的三件往事：

1. 黄永玉是位美术家，也是木刻家，特别擅长小型的砧板刻。他听说《庚申年》采用雕刻版印刷，就想亲自操刀试试。邵柏林请他到邮票雕刻室看看，当他看到雕刻师要伏在放大镜下，屏住呼吸在钢板上雕刻，完全是另一种功夫，遂作罢。

2. 雕刻室当年有 7 个人，高品璋、孙鸿年两位师傅，赵顺义、阎炳武、李庆发、呼振源、姜伟杰等五个徒弟。邵柏林建议由李庆发操刀，但姜伟杰非常想刻这一枚，李庆发遂让给了姜伟杰。

3. 不久，姜伟杰的布线出来了。布线用的是十字纹，这怎么行？邵柏林嘱咐他，一定要根据猴毛的生长规律和画家的运笔走势布线。最终圆满完成了雕刻稿。

13

印刷遇上难题

猴票的印刷是在北京邮票厂的"维发"印刷机上完成的。"维发机"是从瑞士引进的设备。第一轮生肖票是采用雕刻版套影写版印刷。雕刻版的印刷品，手摸上去有凸起感，这种方法艺术表现力强。谁知印猴票时，套印后红底色总是透过雕刻版线条向上泛红，致使黑的不黑，红的不红。这可难坏了邵柏林和值机的师傅。

邵柏林回忆说，那时整天在机器旁，时间这么紧，看着那些效果不佳的样票，真是急坏了。那个年月没有老师教给你，怎么办？我就画了一个黑色影写版稿衬在下面，用来遮盖红色不使泛红。套印后果然墨色饱满厚重，猴子茸毛闪闪发亮。

由于多年没有印刷雕刻版套影写版的邮票，库存雕刻油墨年久干结。邮票印版上机后，由于油墨太黏稠，机器走不起来。买新油墨吧，一问生产厂家，6 个月后才能生产出来。那个时候还是计划经济年代，一切按部就班。可这邮票印刷等不了啊。工人们就想了一个办法，在雕刻墨

中加上一种无色透明的混合剂，结果机器是走起来了，可印出来的邮票雕刻线条不黑不立。后来工人又想了个补救办法，往雕刻墨中加铅印墨。但铅印墨不是邮票专用快干墨，机器是走起来了，可邮票印出来一下子干不了，上一版邮票就把下一版邮票的背胶沾脏了。这在行内成为粘连挂脏现象。为了解决这个问题，就在邮票厂的完成车间和邮票库房临时赶制了许多类似养蚕的晾票架，一个架子五六层，一层放七八摞，一摞20版。晾干后，一检验，不少成品上仍有斑斑点点的挂脏墨点。这个墨点，也成为日后人们在鉴别真假猴票时的参考依据。邮票"挂脏"还是给"猴票"的成品率打了大大的折扣。北京邮票厂的工人为了减少损失，在"挂脏"的版票上将半版合格的邮票撕下来，再和另外合格的半版加起来，就算一个整版，业内行话叫"拼版"。一般来说，拼版最小的底线是四分之一版。由于合格的"猴票"数量大大低于500万枚，所以"拼版"最后只能降低到四方连，用四方连来拼版。"猴票"一版是80枚，即用20个合格的四方连加起来，就算拼成一版。这样算起来，"猴票"真正整版的数量远远低于理论数量。由于成品率低，故原本下达的500万枚没有完成，成品入库只有4431,600枚。这就是真实的《庚申年》特种邮票发行量。

首日封设计

邵柏林曾说过，《庚申年》邮票首日封是"天意吾作"。

猴票经邮电部批准发行之后，黄永玉先生特意嘱咐邵柏林，设计一枚首日封和一枚邮戳。为了设计好这两个与邮票密切相关的副产品，邵柏林请黄永玉用墨笔题写"庚申年"三个字。很快，黄先生笔力遒劲的"庚申年"送到了邵柏林面前。

《庚申年》邮票首日封怎么设计？设计什么？这的确给邵柏林出了个难题，因为艺术创作最忌重复，邮票是猴子，首日封则不宜再画猴子。加之十二生肖干支纪年又是一个十分抽象的时间概念，用什么表现庚申年，则成了设计首日封的难题。正在此时，报载1980年2月16日，即农历庚申年正月初一日，也就是原定生肖猴票发行的当天，在亚洲、非洲一个狭长地带将发生百年不遇的天象奇观———日全食。世界上将有70多个国家的1000多位科学家跟踪观察，我国在云南瑞丽也设站进行科学观测。邵伯林根据这一难逢的巧合，就设计了日全食作为庚申年首日封的图案，用以表现中国人民在阔别了"德先生"和"赛先生"多年之后，终于迎来了讲科学、讲民主的艺术春天。这枚首日封获得1980年度最佳首日封设计奖。

1980年2月15日，中国首枚生肖邮票《庚申年》正式发行。无论造型还是工艺都堪称精品。邮票上的猴子眼睛炯炯有神，毛发根根可见。中国传统的大红衬底烘托着喜庆的节日气氛，也折射出刚刚走出封闭的中国渴望腾飞的迫切心情。38年过去了，如今黄永玉和邵柏林都已进入耄耋之年，他们的故事，不能如烟云般飘去，这就是本文作者用文字码出来，留给后人的一个交代。

突围

——第三轮生肖邮票策划记

1998 年 10 月，我奉调国家邮政局邮资票品司任职。过去对生肖邮票不太关注的我，此时必须面对这一纠结的难题。为什么纠结？生肖，是一个既可高雅又能随俗的文化。每一个生肖属相，在每一个中国人心里，解读迥异，必然形成对图案千姿百态的期待。用一盘菜应付难调的众口，这就是一个邮票发行部门负责人的纠结！

是年，正值干支戊寅，属虎。即便是王虎鸣设计的《戊寅年》虎票，发行之后也波澜不惊。更令人震惊的是，历来被看好的生肖邮票，一套接一套坠入到低面值行列之中！第二轮生肖邮票起始于 1992 年，应于 2003 年收官。其间，经历了 1996—1997 年市场的大起大落。诚然，市场的大环境是拖累生肖邮票的原因之一，但更深层次的原因是什么？为什么第一轮燃起的生肖热情到第二轮竟几乎被浇灭？如何才能重新拾起老百姓对生肖邮票的兴趣？这些课题犹如一道看不见的围墙，横在邮资票品司的面前。怎么突破？靠什么突破？留给邮资票品司的时间仅有 4 年。

2000 年，邮资票品司正式启动了第三轮生肖邮票的调研与发行准备工作。这样一个浩大的工程，从哪儿下手？先投石问路吧，征求专业邮票收藏群体——集邮爱好者的意见，恐怕这是取得真知灼见的捷径。邮资票品司经研究之后，就在集邮者关注的集邮报刊上，投下了一颗石子。2001 年 4 月，经过几个月的征集，一大批意见和建议汇总到了邮资票品司发行处。

从这一封封带着炽热情感的来信中，我们捕捉到了集邮者对第二轮生肖邮票不太热衷的蛛丝马迹。一部分集邮者流露了对第一轮生肖每套只发行一枚的留恋。由于第二轮生肖正值我国经济体制改革向纵深发展的时期，邮票面值连续几次的上调，也使两枚（一枚常用面值，一枚高面值）一套的生肖整版邮票，令并不富裕的集藏大众望而生畏，相当一批集邮者放弃了购买整版生肖邮票的打算，转而订购单套或四方连，这就使得以不变应万变的邮票发行量，悄悄发生了变化，供求的平衡被供大于求打破。邮票增值的"神话"一旦被打破，市场的"冬天"必然来临。

随着调研工作的深入，第三轮生肖邮票的基本方向逐步清晰。那么，第三轮生肖是否还是按老章程约稿？是否还是广撒网、撞大运呢？我想，应该听听专家的意见。我想到了一个人，一个真正的邮票设计大家：邵柏林。邵柏林先生自幼喜欢美术，1953 年毕业于中央美术学院，师从张仃、张光宇等著名艺术家。毕业后，专门从事邮票设计工作。《庚申年》《西周青铜器》《齐白石作品选》《故宫博物院 60 周年》等一批邮票精品都出自邵柏林之手。1985 年，他被原邮电部任命为邮票发行局总设计师。在他任职的几年里，中国邮票的总体艺术水平有了质的飞跃。邵柏林先生退休之后，一方面整理文稿，一方面关注我国邮票的设计质量，跟踪世界各国邮票的设计走向。可以说，邮票已经融进了他的血液，邮票已经成为他生命中的一部分。

没有寒暄，免去客套，直入主题。令我惊讶的是，生肖邮票的话题一打开，邵先生对新一轮生肖邮票的设计思路似乎已了然在胸。他提出，生肖文化是中国的传统文化，在世界各国纷纷发行生肖邮票之时，来自生肖文化祖籍的中国生肖邮票，其设计要求应该更严，水平应该更高。要设计出高水平的作品，必须有高水平的设计家来参与。只有

14

顶尖的设计家，才能拿出顶尖的邮票设计稿。

说干就干。几天后，邵柏林提出了一个当代优秀平面设计家的名单，其中，世界妇女大会和申奥标志的设计者陈绍华、著名平面设计家吕胜中等赫然在列。邵柏林建议，成立一个专家组，由德高望重的美术家、优秀平面设计家、邮资票品司及邮票印制局的相关人员等组成，共同研究、把关、推进。无疑，这是保证第三轮生肖邮票能出彩的好主意，也是突破围墙的上上策。但是，这些专家、大腕，人人都是"忙"家，他们能为一枚小小的邮票赶场吗？我不禁捏把汗。

"不难，我会一家一家去请，这点面子，他们还是会给的。"我知道，邵先生的韧劲在行里是出了名的。但是，他毕竟是近 70 岁的人了，仍为中国邮票这么奔走，着实令人感动。我一再嘱咐，您出门办事，一定要"打车"，千万不要再挤公交车，打车票我来报销。邵先生好像还沉浸在邮票方案之中，沉吟了一下，忙摆摆手，不用！

几周后,邵先生打来电话,不无激动地说,都同意,都同意！我知道,这里面饱含着邵先生多少辛苦啊！

2002年4月,邮资票品司正式下达了成立"第三轮生肖邮票专家组"的意见,由专家组具体指导第三轮生肖邮票的策划和设计。具体组建和日常工作由邮票印制局负责。专家组的成员为：袁运甫（国家邮政局邮票图稿评议委员会副主任、清华美院教授）,邵柏林（国家邮政局邮票选题咨询委员会委员、原邮票发行局总设计师）,杜大恺（国家邮政局邮票图稿评议委员会委员、清华美院教授）, 吕胜中（中央美术学院教授、民间艺术专家）,吕敬人（著名书籍装帧、平面设计专家）,陈绍华（著名平面设计专家）, 以及邮资票品司和邮票印制局的相关工作人员。

2002年5月16日, "第三轮生肖邮票专家组"在邮票印制局召开了第一次会议。会议详细分析了前两轮生肖邮票在设计、印制等方

面的得与失，着重就第三轮生肖邮票组稿的总体思路及组稿方式进行了深入、详尽的讨论。经过整整一天的会议，第三轮生肖邮票的总体思路已经清晰。会议达成了如下共识：

——生肖文化是非常有代表性的中国传统文化，在世界范围内产生了相当广泛的影响。目前，全世界已有80多个国家和地区（注）发行过生肖邮票，中国作为生肖文化的发源地，生肖邮票的设计必须争取最优。

——第三轮生肖邮票每套出一枚，继续沿用雕刻版印刷的方式。

——建议第三轮生肖邮票的票形改为四方形。方形比较大气灵活，形式新颖，适合设计表现。邮票规格可定在 30mm ~ 40mm 之间。

——第三轮生肖邮票的设计语言应以现代设计来诠释传统艺术精髓。整轮的设计风格要在统一中求变化，给艺术家留有充分的创作空间。

——生肖邮票的设计，关键在造型，造型一定要生动，要美。生肖不等于动物，生肖是吉祥物，是人格化了的动物形象。

——考虑到距离第三轮生肖邮票的发行时间已近，以及社会发展变化等因素，不宜一次设计出 12 年的图稿，可将设计分段进行，第一阶段先按 3 枚来设计，即首先安排"猴""鸡""狗"生肖邮票的设计工作。

根据第三轮生肖邮票专家组的研究和推荐，确定了五位参加第一阶段邮票设计的艺术家，分别是：吕敬人、魏小明、陈绍华、吕胜中、韩济平。这些在平面设计舞台上叱咤风云的人物，共同打造第三轮生肖邮票，一定会让集邮者和万万千千喜欢生肖邮票的人得到惊喜！

为了使艺术家们理解邮票、理解生肖邮票，年届七旬的邵柏林一家一家去拜访，使这些艺术家大为感动。他们不再犹豫，放下了手中的活计，来为生肖邮票赶场！生肖的造型开始在他们充满智慧的大脑中灵动并形成，一幅幅精美的作品横空出世。

2002 年 7 月 11 日下午，在邵柏林先生的主持下，召开了第二次

生肖邮票的专家组会议。会议的主要内容是对五名设计家提交的作品进行评议。邵先生提前打来电话，希望我能参加，对于生肖邮票设计进展高度关注的我，那份期待和冲动就别提了。我如约列席了会议。外约的五位设计家都带来了自己的作品，并分别就作品做了介绍。到会的专家对设计方案进行了充分的讨论，还就每一位设计家的作品分别提出了意见和建议。当然，这些作品只是艺术家们赶在专家组会议之前要交稿的急就章，但稿件中跳动的时尚、亮丽的元素，让我对未来的成品稿件充满了期待。会后，五位设计家根据专家组提出的意见对初稿进行了精心的修改和完善。

2002 年 8 月 16 日，国家邮政局邮票图稿评议委员会召开了第十一次会议，专门就第三轮生肖邮票的设计稿进行评议。我是邮票评议委员会的副主任，看到艺术家们经过反复修改后提交的作品已经有了明显的提高，我知道，距离可以作为邮票使用的图稿已经不远了。

邮票评议委员会的专家对五位艺术家们创作的图稿都给予了非常积极地评价，一致认为，第三轮生肖邮票的图稿给人眼前一亮和焕然一新的感觉，部分图稿非常精彩。特别是"猴"和"鸡"，从造型到图案色彩更胜一筹。两幅图稿经进一步修改完善后，可以作为邮票图稿评议委员会推荐的方案。评委会建议，鉴于两幅图稿为两位艺术家设计，邮票的底色和整体设计形式如何把握，请专家组进一步研究。

根据邮票图稿评议委员会的意见和建议，经邮票图稿编辑部和邵柏林先生共同研究，为了保持第三轮生肖邮票整体风格，同时有别于前两轮生肖邮票，提出了两点极为关键的意见：

1. 第三轮生肖邮票均采用白底色；

2. 在邮票上加干支年号，如：甲申年、乙酉年等。

这些意见立即反馈至邮资票品司，经研究，邮资票品司同意上述意见。

评委会推荐的两幅邮票图稿，分别是陈绍华设计的"猴"和吕胜中设计的"鸡"。陈绍华设计的特点是，以现代设计的语言，简洁、

明快的图形基本型（圆形），配以单纯的色彩，从而获得视觉上的愉悦；强调生肖形象的拟人化，清新、生动、喜气，以贴近百姓，贴近生活，贴近市场。吕胜中设计的特点是，以生肖相配的"干支"文字为主体，从中以借形、叠形、幻形、拟形等传统文字处理手法，表现出生肖的动物形象。

人有一种定式，钻进某种事务，进去容易，出来却难。往往需要别人一掌，方能大彻大悟！几个月在一帧画稿上的鏖战，已使思维变得木讷。明知某个细节有缺陷，却感觉全无。邵柏林的一个点拨，令陈绍华茅塞顿开。"甲申猴"距挂帅升帐，只差一步了。吕胜中是个才华横溢的艺术家，对生肖文化有独到的见解，很多人对他不很熟悉，但可以从第一轮生肖"蛇"票认识吕胜中的艺术世界。蛇是生肖中最难设计的动物，如何让生肖蛇变得可爱、变得吉祥，曾令原邮票发行局好一阵纠结。吕胜中设计的"灵蛇献瑞"，使人们心中厌恶、恐惧的动物，瞬间变得温顺、可爱与吉祥，不能不说这是装饰艺术的魅力，不能不说这是吕胜中独到的功夫。吕胜中设计的"乙酉鸡"，在几十个大师们设计的方案中脱颖而出，已足见其功力。但专家组和邵柏林还是觉得"鸡"的尾巴装饰性还能更精彩，与吕胜中一交流，卡壳了。吕是很有个性的人，不同意修改。还需要这么一哆嗦吗？要！对邮票艺术挚爱于心的邵柏林，不忍心这个优秀的图稿有一丝的缺憾。

"建辉，我想去吕胜中的府上，再争取一下！"

"我陪您去！共同做做工作。"

吕胜中的家在通州。当天下午，我陪邵柏林匆匆赶到了数十里外的吕胜中家。专程来访的老人，还是令吕胜中十分感动，对艺术志同道合的人，交流是不受时间约束的。整整一个下午的讨论，使邵柏林满意而归。

2002年底，邮资票品司向国家邮政局党组汇报了第三轮生肖邮票的策划和"猴""鸡""狗"三枚邮票的设计情况。国家邮政局党组对邮资票品司所做的工作给予了充分的肯定，并指示：为了使第三轮

生肖邮票获得广大集邮者和消费者的认可，要把图稿放下去，广泛征求各方面的意见，求得共识，并提出，在即将召开的全国邮政局局长会议上，也听听局长们的意见。

2003年元旦刚过，全国邮政局局长会议在湖北武汉如期召开。开幕的当晚，刘立清局长亲自主持会议，听取对第三轮生肖邮票图稿的意见。会上，我介绍了第三轮生肖邮票整个的策划过程，并对五位艺术家创作的图稿（包括邮票图稿评议委员会推荐的方案和未推荐的方案）一一作了详细说明。在各省局局长议论后，进行了无记名投票。我把事先印好的选票一一发给各位局长，请他们将自己最中意的图稿方案填到选票上。这些地处天南海北，身居邮政高层管理者的意见，当晚汇拢到邮资票品司。意见一致！陈绍华的"甲申猴"和吕胜中的"乙酉鸡"成为最中意的首肯。

2003年1月5日，生肖研究会准备在广州召开研讨会。这是一个征求民间集邮者意见的好机会，既然是好机会就不容错过！发行处副处长赵玉华携带着五位艺术家的图稿飞赴广州。广州生肖邮票分会的会员为他们最中意的图稿投了票。无独有偶，这两幅图稿也成为"草根"集邮者的最爱。

为了突破第二轮生肖在市场上打折的怪圈，邮资票品司第二个措施出台了。将大版由第二轮的 32 枚缩小为 24 枚（后又改为 20 枚一版）。增加一枚小版，小版为 6 枚。面值一律为常用面值。发行量也做了较大调整。第二轮生肖打头炮的《壬申年》猴票发行量高达 2.3 亿枚，这也为后来的打折留下了隐患。第三轮《甲申年》调减到 5200 万枚。这一"缩"一"减"，集邮市场立即被点燃，第三轮生肖不仅没有一套出现打折现象，反而套套高于面值。《甲申年》新颖的画面、亮丽的色彩、时尚的造型，搅动了市场的一池春水。十多年过去了，不仅获得了收藏者的好评，也成为市场第三轮生肖的"标杆"，自发行以来搅动的涟漪仍在发酵。

2015 年，第三轮生肖邮票的发行圆满落幕。毫无疑问，《甲申年》和《乙酉年》仍是这一轮生肖邮票的经典。经典的形成，非一人之所能，它的背后凸显了艺术家与支撑团队对邮票这一特殊艺术载体的挚爱、智慧与追求。

注：至 2017 年，全世界已经有 120 多个国家和地区发行过生肖邮票。

一切为了文献史料的准确

——从林丰年先生的一封来信说起

记得一次出差回来，从信箱里取出一摞报纸杂志。这是我多年的习惯，家没进，先向楼道里的信箱报到。一手拉着行李箱，一手怀抱报纸杂志，进家才踏实。刚走两步，一封信从报纸里跳出来。林丰年！寄件人地址后面的名字一下子跃入眼帘。

林丰年，对我来讲，是个既生疏又熟悉的名字。生疏吗，我和林先生从未谋过面，连神交都没有。要说熟悉，还要从一篇文章说起。去年的《集邮博览》第8期，刊登了我的一篇文章，题目是"邮票图稿评审委员会成立始末"。其中谈到，"邮票图稿评审委员会"的组成人员中，有北京集邮界的代表林丰年先生。仅此而已。

到家了。外衣没顾上脱，手没来得及洗。先把信拆开，一口气读完。为什么？奇怪呗。我与林先生素未谋面，怎么给我来信？他又怎么知道我家的地址？这一连串的问号，不能不先放下手中的事，一睹来信的冲动。原来，林先生在看完这篇文章后，觉得文中有两处笔误，因其中一处涉及到"邮票图稿评议委员会"成立的时间，很想和我交流一下。无奈，又苦于没有我的联系方式。最后，在《集邮博览》编辑的帮助下，得到了我的通信地址。这才有了这封林先生署名的来信。

15

林先生来信内容如下：

建辉先生，你好！

我冒昧给你写这封信，敬希多谅解。

拜读今年第8期《集邮博览》上先生所写的"邮票图稿评议委员会成立始末"一文，深得教益，也勾起了我对那段时光的回忆。我有幸受聘首届评委，参与工作，十分珍视，许多情形至今历历在目，难以忘记。你在文中有两处笔误：一处是成立日期，不是25日，应为15日；二是首轮生肖鸡票为张仃先生设计，周令钊先生设计的是首轮狗票。望先生结集出书时注意改正。

你的著作和文章，颇具权威性和史料价值，我很爱读，集邮者普遍反映很好。望先生多写一些。

致以深深的敬礼

林丰年

林先生随信还附了几张复印件。

附件一是邮电部邮票发行局关于会议的通知：

林丰年同志：

兹聘请您为邮电部邮票图稿评审委员会委员，并定于十月十五日下午三时在本市和平门邮电部邮票发行局召开邮电部邮票图稿评审委员会成立会。特此通知并请届时光临。

邮电部邮票发行局（盖印）

一九八五年十月五日

附件二是邮电部邮票图稿评审委员会成立议程安排：

一、赵永源（邮票发行局局长）主持会议致开幕词

二、宣布评委会名单

三、通过评委会章程

四、朱高峰副部长讲话

五、评委讲话

六、来宾讲话

七、第一次工作会议

讨论《纪念一二·九运动五十周年》邮票图稿。

会议执行主席华君武同志。

八、参观中外邮票展览。

一九八五年十月十五日

附件三和平门烤鸭店餐券：

林丰年同志：

请于十五日下午六时入席。

和平门全聚德烤鸭店北门

附件四是《北京晚报》1985 年 10 月 16 日的一篇报道。题目是：邮电部邮票图稿评审委员会成立。

报道的记者是苏文洋。引言第一句话是：邮电部邮票图稿评审委员会昨天下午在京成立。报道也将会议的时间定格在了 10 月 15 日。

林先生为了证明会议召开的时间是 1985 年 10 月 15 日，而不是 25 日。将他珍藏的几件有关的史料复印给我。可以看出，一是林先生对资料收集的高度重视与完整，对哪怕不起眼的一张餐券，都妥善保存下来，令人钦佩。二是对史料准确性的敬畏与负责，促使他千方百计要找到我，帮我更正会议召开的时间。放下信函，顿生感动。

林先生信中谈到的两处笔误，有一处的确是我的笔误。就是首轮鸡票的设计者，本来应是张仃先生，而我却笔误成了周令钊先生。不能不说是我粗心大意使然。其实 7 月份，为了给 8 月初开印的"狗票"做垫场，我还专门写过第一至第四轮生肖邮票设计者的有关文章。两篇文章几乎同时发出，这篇怎么就搞成"笔误"了呢？看来，今后谨慎地审查每一篇稿件的内容，核实每一个人名和数字，马虎不得！

林先生所谈的另一处笔误，实际上不是笔误，而是笔者本人对史料没有认真核对而造成的。文章中的内容是这样的：

1985 年 10 月 25 日，第一届邮票图稿评审委员会正式成立。邮电部副部长朱高峰和邮票发行局党委书记许宇唐、局长赵永源出席成立

大会。朱高峰向每一位评委颁发了盖有国徽图案的邮电部大印的评委证书，并代表邮电部对邮票图稿评审委员会的成立表示祝贺。

10月25日这个时间是怎么出来的呢？原来，邮电部邮票图稿评审委员会于1985年10月15日召开后，邮票发行局于10月25日印发了局内的第二期"工作简报"。内容是以简报的形式向局内各部门、各单位通报邮电部邮票图稿评审委员会成立的消息。这个10月25日实际是"工作简报"打印的日期，而不是邮票图稿评议委员会开会的日期。

就在这期"工作简报"的第一段，已经非常清晰地把会议召开的时间写明：为了贯彻落实部党组关于改革邮票设计、发行工作的决定，于十月十五日在邮票发行局召开了邮票图稿评审委员会成立会议。

复印件上面还有邮票图稿评审委员会秘书长邵柏林先生的注，"一、一九八五年十月二十五日，邮电部邮票图稿评审委员会成立"字样。就这样，我就阴差阳错地把会议的日期写成了1985年10月25日。

等我把事情的来龙去脉搞清楚之后，拿起电话，准备按林先生信中留给我的固定电话号码打过去。但手机显示屏上的时间已经指向：23点50分。太晚了，不能打扰老人了。

第二天一早，拨通了林先生家里的电话。听筒里传来清脆、爽朗的应答声。这就是林丰年。73岁的年龄，40多岁的声音。从声音就能感受到老人的精气神儿！

自报家门之后，首先表达了对林先生更正文章中关于开会时间的感谢之情。提起邮票和集邮，交谈就像打开了话匣子。林丰年先生曾是北京工艺美术学校的学生，当时的学生会主席，团委书记。毕业后曾到中央工艺美院进修。"文革"后，学校恢复，林先生从企业又回到北京工艺美术学校任校长。说起来，和艺术、设计都有关。林先生也是个集邮迷，曾在报刊杂志上发表过不少文章。现在，他对集邮事业仍很关心，订阅了各种集邮报刊。这不，正是看到了《集邮博览》杂志上刊登的我的文章，才有了上面的故事。

历史就是昨天事件的还原。还原的时间、地点是否准确？内容是否准确？能否给后人留下准确的信息？这是我们这一代最接近事件或事件亲历者的责任。林丰年先生为了核实"邮票图稿评审委员会"成立的时间，翻箱倒柜，查找资料；为了找到笔者，到处打听联络方式；为了稳妥地将信寄到笔者的手上，专门到邮局寄出了挂号信。林丰年先生的目的只有一个，那就是：一切为了文献史料的准确！

　　致敬，林丰年先生！

15

脚步

——王虎鸣邮票设计艺术轨迹扫描

2017 年，对于王虎鸣这个从内蒙古走出的汉子，有着非同寻常的意义。

（一）

从 1987 年步入邮票设计的大门，到 2017 年，王虎鸣已经走过了整整 30 个年头。1988 年，刚刚走出校门的王虎鸣，就向邮电部交上了他的第一份考卷——《纪念大龙邮票发行 110 周年》邮票图稿。1988 年 7 月 2 日，《纪念大龙邮票发行 110 周年》纪念邮票惊艳问世，古朴典雅的设计风格，博得了集邮者的一致好评。专业邮票设计者感受到了压力——一个拥有巨大设计潜力的竞争者登上舞台了。30 年过去了，王虎鸣没有辜负他的引路人的期望，设计超过了 100 多套邮票。拥有 20 多套"最佳邮票"桂冠的他已成为中国邮票的设计大家。如果说，王虎鸣在邮票设计方面成绩斐然是当之无愧的，那么他为中国金币总公司设计《青藏铁路》《火炬接力》《建军八十周年》《改革开放三十周年》《世博会》《中国京剧脸谱》等重大选题纪念金银币、章，为国家税务总局设计《青花瓷器》《中国戏曲》《陕西民间工艺美术》等印花税票，还有 2009 年世界邮展吉祥物和 2016 年亚洲

2005 年王虎鸣在最佳邮票颁奖典礼上

邮展会徽、中国快递协会标志、全国最佳邮票评选标志等，则使王虎鸣已成为跨行业的设计翘楚。

回首往事，应该说，王虎鸣是个幸运儿。正是 1987 年的那次偶然机遇成就了王虎鸣多年的梦想。那么这是一次怎样的机遇呢？

1985 年，邮电部对中国邮票管理体制进行了一次重大的改革，将原中国邮票总公司一分为二，组建邮电部邮票发行局和中国集邮总公司。邮电部邮票发行局为正局级单位，主要负责邮票发行等政府职能。中国集邮总公司为直属正局级企业，主要负责集邮业务经营工作。邮电部在这次改革中，认真贯彻中央关于落实知识分子政策的决定，做出了一个在当时堪称破天荒的决定，就在邮票发行局的领导职数中，增加了一名专业领导干部。1985 年 7 月 3 日，邮电部部长杨泰芳签署了（1985）部任字 31 号，任命邵柏林为邮票发行局总设计师。

邵柏林，一个对邮票事业的热爱几近痴迷程度的人，曾被打成"右派"达 22 年之久的老知识分子，终于可以在有生之年再为中国邮票的

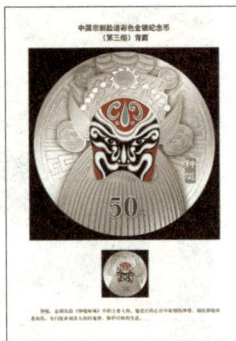

陕 西 民 间 工 艺 美 术 印 花 税 票

30X60mm

设计搏一把了。

十年浩劫，不仅令中国的经济遭遇灭顶之灾，就是在邮票发行这个领域也是积重难返。邵柏林碰到的第一个难题，就是人才短缺，青黄不接。十年动乱，成为十年人才成长和选拔的空档。特别是能与国外平面设计潮流对接的，在专业设计队伍中几近空白。怎么办？邵柏林想到了位于北京大北窑的中央工艺美术学院。中央工艺美术学院既是荟萃当时中国顶尖艺术家的殿堂，也是培养未来中国艺术家的摇篮。他要在这里，为中国邮票事业选拔一批能够担当本世纪最后十几年乃至下个世纪的邮票设计队伍骨干。

邵柏林没有按常规出牌。他既不找院长常沙娜，也没找教务处，而是直接向授课的教师了解学生的水平。不久，来自第一手的顶尖学生名单渐渐浮出水面：王虎鸣、袁加、张磊。这三个优秀学生，已经成为邵柏林心中的目标。更让邵柏林对王虎鸣另眼看待的，是一次美国著名教授对他的考核。

1981 年，改革开放之初的工艺美院为了尽快了解国外美术发展的潮流和状况，派遣了一批学者和艺术家到美国考察。回国后，感触颇深的艺术家立即向领导建议邀请国外著名艺术家来国内讲学，以填补国际美术发展潮流这一课。这个当时颇具风险的动议，意外地得到了当时文化部的批准。于是，美国"超级照相写实主义"潮流的一个代表人物姚庆章走进了中央工艺美院。他的授课令学生们兴奋不已，他们好像触摸到了当时国际美术跳动的脉搏。讲课之后，是姚庆章严格的考试——每个人作一幅画。在 30 个学生中，姚庆章只给了两个学生满分——"5 分"，其中一个就是王虎鸣。

1987 年 7 月，同一届的王虎鸣、袁加和张磊毕业了。踌躇满志的邵柏林出马了。这次他直接找中央工艺美术学院的院长常沙娜："这三个人我全要了！"

常沙娜也是个爱才惜才之人："对不起，三个人都已分配完毕。你可以要其他人。"

16

原来，这三名高材生一直是各方觊觎的对象，中央工艺美术学院自然不会放走这些人才。张磊被留校，袁加分配到环境艺术设计中心，而王虎鸣在考学前已被内蒙古院校的专家盯上。邵柏林如五雷轰顶，一下子跌坐在椅子上。难道他精心策划的这台戏就这么谢幕了？

邵柏林没有软磨硬泡，软磨硬泡不是他的性格。

时不我待。当晚，心急如焚的邵柏林来到了景山后街一栋独立的小楼前，叩响了紧闭的大铁门。这是轻工业部部长杨波的家。中央工艺美术学院的顶头上司就是轻工业部。邵柏林这一招就是破釜沉舟。杨部长听了这位不速之客的说明，立刻提笔，给常沙娜写了一个便条，希望把王虎鸣留下来，分到邮电部，请她尽力支持。就是这个便条，把王虎鸣已经寄走的档案又追了回来。

在人生的转折点，机遇往往不经意就会和你开个玩笑。一个便条，改变了王虎鸣的人生轨迹。而袁加和张磊却与专业邮票设计师擦肩而过。

历史，对于不同的人来说，既是幸运的，也是残酷的。正是这次机遇，成为王虎鸣人生道路上一次重大的转折。

（二）

邮票设计对于王虎鸣来说，既是未知的，也是陌生的。他深知，邵柏林老师对他寄予厚望。他不能逃避责任，更不能辜负这种厚望。

邮票，按照它的属性，就是用户已兑付邮资的凭证。由于这个小小的纸片带有其鲜明的民族特性，可以在各国间畅行无阻，所以季米特洛夫给了它一个更形象的比喻：国家名片。正是方寸之间的艺术魅力，令世界各国的艺术家都以参与邮票设计并使自己的作品登上邮票的"殿堂"视为殊荣。王虎鸣对这种独特的艺术载体由懵懂到欣赏，由欣赏到喜欢，头脑中最敏锐的艺术细胞开始萌动。

他找来《中华人民共和国邮票目录》，一套一套地比对邮票名称与图案之间的关系，悉心揣摩每一套邮票的设计方法与规律。王虎鸣

知道，艺术的高山没有捷径，一分的付出，才能有一分的回报。

1988年的邮票选题下来了，这是他毕业后面临的第一份考卷。选择哪一套选题？哪一套更适合我？选题中的重头戏《中国大龙邮票发行110周年》成为不少专业邮票设计家和社会美术家共同关注的题材。毫无疑问，这也预示着《中国大龙邮票发行110周年》将成为1988年邮票设计竞争中最为激烈的一套邮票。王虎鸣没有犹豫，他在《中国大龙邮票发行110周年》选题的后面郑重地签下了"王虎鸣"三个字。俗话说"初生牛犊不怕虎"。王虎鸣天生属虎，名字里带虎字，还有什么可怕的呢？

从这时起，三枚大龙邮票的图案就占据了王虎鸣整个思维的空间。他无时不在思考：用什么图案才能托起这个皇朝图腾的符号？各种图案轮番在王虎鸣的脑海中出现，但没有一个合适。王虎鸣带着问题去请教邵柏林，邵柏林告诉他，只有中国传统服饰上的"海水江崖"纹样才是最佳选择。海水江崖纹是中国的一种传统纹样，常饰于古代龙袍、

官服的下摆。图案上有许多波涛翻滚的水浪，水中立一山石，并有祥云点缀。它寓意福山寿海，也带有"一统江山"的含意。

这个点拨，让王虎鸣的设计灵感瞬间爆发！整个邮票图稿已开始在他的脑际逐渐酝酿形成。

故宫、北海、天坛、十三陵……王虎鸣几乎把北京的皇家园林都走遍了，但那个"最佳"的海水江崖图案仍然没有出现。就在王虎鸣一筹莫展的时候，一个在故宫文博圈里小有名气的人出现了。这个人叫李毅华，是故宫紫禁城出版社的社长。在紫禁城出版社荟萃故宫众多海水江崖图案的世界里，王虎鸣终于捕捉到了他想找的那个"最佳"！

《中国大龙邮票发行110周年》邮票小型张的图案终于成型。小型张采用票中票的方式，主图是并排横列的三枚"大龙"邮票，上方是吉祥物火珠，恰好与三枚"大龙"形成"三龙戏珠"。下方托以象征江山社稷的海水江崖纹样。在小型张的布色上，采用了我国传统的蓝色和金色。暗蓝色的天，金色的火珠和海浪，加上金色的小篆标题，小型张的构图严谨庄重，色彩对比协调，有一种浓郁的中国传统文化韵味。

在评议苛刻的邮票图稿评议委员会会议上，所有《中国大龙邮票发行110周年》设计送审稿上都没有设计者的名字，唯一衡量的标准就是设计水平。张仃、华君武、黄永玉、周令钊等艺术大家经过深思熟虑，终于将王虎鸣的设计稿拎了出来：最好的设计！不容置疑。

1988年7月2日，《中国大龙邮票发行110周年》邮票小型张正式发行，北京街头万人空巷争购邮票的场面，才使王虎鸣忐忑的心情平静下来。他真正感觉到了邮票设计被人认可的欣慰。

（三）

从1987年到1997年，是王虎鸣进入邮票设计领域的第一个十年。这期间，他已经有30多套邮票设计作品折桂，成功率高居国内设计界首位。《韩熙载夜宴图》《傅抱石作品选》《黄宾虹作品选》等一批优秀作品毫无争议地在全国最佳邮票评选中斩获大奖。对于频繁而来的种种荣誉，王虎鸣没有飘飘然。他清楚，对于设计理念，自己距离进入"自由王国"还有相当的一段路要走，于是他选择了上学。

2001年，王虎鸣考入清华大学美术学院研究生班。一年的学习，又使他回到了久违的教室。熟悉的环境，熟悉的课堂，熟悉的老师，他又站在了新的起点上。如果说1983年刚刚踏进中央工艺美术学院装潢系，是对装潢与平面设计基本知识的一次认知，那么对王虎鸣来讲，研究生班的学习则是对眼界、视角、艺术修养的一次洗礼。本科学习时的懵懂、不解，在这里悄悄地溶解、消化了。让王虎鸣激动不已的还有下面的一则新闻：2005年，刚刚被评选出的中国设计界十大青年，将组织到英国的圣马丁艺术学院学习考察十天。

王虎鸣幸运地成为考察学习队伍中的一员。短短的两周时间，他接触到了世界最前沿的设计作品。考察期间，正赶上学院应届毕业生

的作品展。一幅幅可以触摸到设计者心灵的作品，让王虎鸣极为震撼。这些作品突破了原有的创作价值取向，向着更深邃的空间发展。新颖的理念，大胆的创新，对王虎鸣已种植在心灵深处的旧有理念是极大的颠覆。可以说，两周的艺术冲击让王虎鸣完成了一次里程碑式的蜕变。他要做的，就是要从国外成熟的艺术营养中获得启迪，嫁接到中国邮票的设计中。从国外回来的王虎鸣，像变了一个人：安静取代了浮躁；洒脱驾驭了现实。

（四）

创新是一个民族的灵魂。

从 1997 年到 2007 年，是王虎鸣从事邮票设计的第二个十年，也是王虎鸣在创新的道路上完成华丽转身的第一个十年。这期间，正是国家邮政局邮资票品管理司成立的初创期。邮资票品司提出的"要在邮票设计中求新求变"的指导思想和精品战略工程，与王虎鸣吸收国外新颖的设计理念不谋而合。王虎鸣进入了一生中最耀眼的创作期。轻松的氛围，开明的环境，公正严谨的评审制度，使王虎鸣在创新的

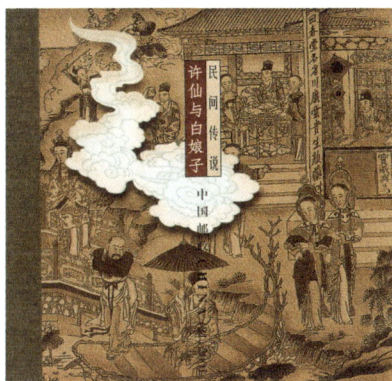

道路上如鱼得水。

从 2001 年开始，国家邮政局为了进一步挖掘和传承中华民族优秀的传统文化，正式将中国四大民间传说列入邮票选题。《民间传说——许仙与白娘子》遂成为 2001 年第一套与公众见面的四大民间传说特种邮票。让集邮者感到惊异的是，《民间传说——许仙与白娘子》小本票变脸了！传统的小本票是一本多票，这种小本票发行的目的是方便用户用邮。而《民间传说——许仙与白娘子》小本票采用的是一本一套票，按照 4 枚邮票的顺序，每一页只有一枚邮票；邮票的四周装饰有精美的图案，与邮票的内容高度契合。这套成系列的"民间传说"的第一枚小本票，已经足以吊起集邮者的胃口。他们期待下一套，下一套小本票又会是什么样呢？这个变脸，正是王虎鸣经过深思熟虑后在小本票的设计上进行的一次突破尝试。既然邮票的基本属性已经弱化，为什么不可以打破常规，让小本票成为一种小巧玲珑的艺术品呢？

社会认可才是创新的不竭动力。

王虎鸣没有停下脚步。创新的脚步既然已经迈开，就不会再有喘息的机会。2003 年，王虎鸣设计的《民间传说——梁山伯与祝英台》小本票在国际政府间邮票印制者大会上一举摘得最佳创新奖，填补了我国在国际邮票创新奖项上的空白。这枚已经跳出国界、被国际政府间邮票印制者大会认可的创新小本票，究竟有哪些可圈可点之处呢？

王虎鸣欣赏梁祝故事，醉心于梁祝故事，特别是小提琴协奏曲《梁祝》已经成为他最着迷的旋律之一。对《民间传说——梁山伯与祝英台》小本票的设计，王虎鸣没有轻易下手；他觉得，这是他最喜欢的故事，如果不能将小本票的设计做到极致，宁肯放弃！

揣摩，思考，调动起大脑思维的全部动力。终于，"化蝶"这个将梁山伯与祝英台的故事推向高潮的情节令王虎鸣茅塞顿开。他将蝴蝶——这个梁祝故事的精神象征作为设计的主线，运用三维压凸的形式予以强化，形成了小本票封面立体的视觉效果。同时，小本票的内页采用特种珠光纸、木版画插图和古汉字等多种元素，丰富了每一页

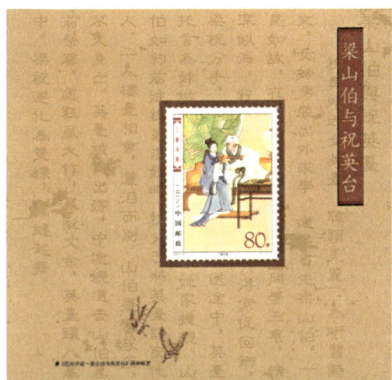

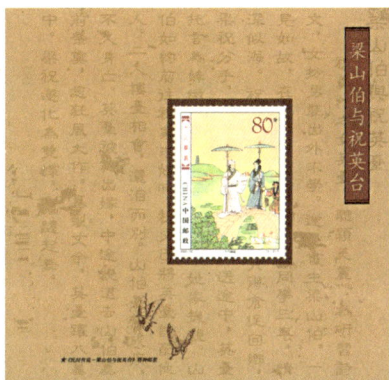

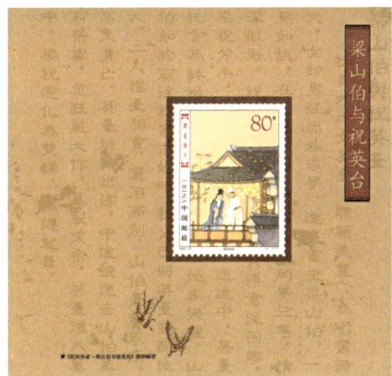

16

的邮票边饰，使整个小本票华贵典雅、浪漫动人。更为难能可贵的是，由于在工艺上增加了无色荧光油墨，不仅强化了小本票的防伪功能，也使化蝶的优美造型更加光彩照人。可以说，《民间传说——梁山伯与祝英台》是王虎鸣在创新邮票选题、图稿设计与印刷工艺和谐统一方面的一次有益尝试。

（五）

艺无止境。这句成语对王虎鸣来说最恰当不过了。

从 2007 年到 2017 年，是王虎鸣艺术创作生涯的第三个十年。他所设计的邮票又有哪些变化呢？

2009 年发行的《唐诗三百首》邮票，又是对王虎鸣的一次挑战。《唐诗三百首》共收录了 313 首唐诗，这样一个大概念的选题该如何在方寸间体现呢？

唐代是中国历史上最鼎盛的朝代，也是诗歌文化最辉煌的时期。王虎鸣循着创作团队确定的"一版票，一本书"这一核心理念，不断地寻找切入点。首先是从诗作、诗人入手，选择最负盛名的诗人的诗作，如分别有诗仙、诗圣之称的李白、杜甫等；其次是从唐诗的内容入手，分别选取表现日、月、山、水、花、鸟、人物等易于表达唐诗意境的诗篇。在请教唐诗专家、听取各方面的意见和建议后，王虎鸣最终确定了 6 首唐诗，即李白的《下江陵》、杜甫的《望岳》、白居易的《琵琶行》、张九龄的《望月怀远》、李商隐的《无题》和王之涣的《登鹳雀楼》。

6 枚邮票上的唐诗字体如何选择呢？设计过《中国古代书法》邮票的王虎鸣对此事再熟悉不过了。颜真卿的楷体、怀素的草书、王羲之的行书、史晨碑上的隶书和《说文解字》的篆书都被王虎鸣移植到邮票中。诗文中所配画作也从古代绘画作品中找到。邮票图案中的所有的图形，也都是选自古代绘画作品。每首诗后标注的作者姓名，用印章的形式体现。6 枚邮票上的印章形状都不相同，有葫芦形、椭圆形、长方形、正方形、圆形和不规则形。因为诗仙李白爱喝酒，王虎鸣特

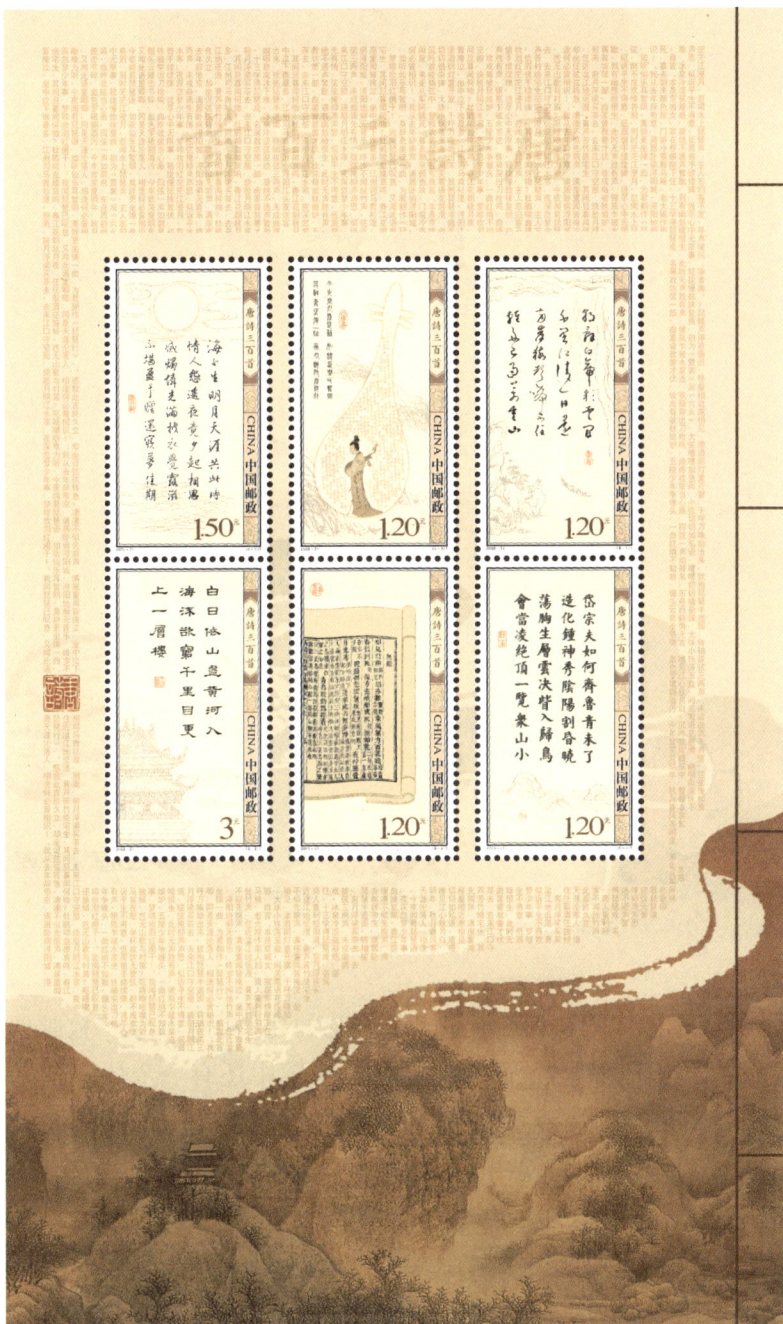

16

中国2016亚洲国际集邮展览
CHINA 2016 ASIAN INTERNATIONAL STAMP EXHIBITION

中国快递
CHINA EXPRESS

意将他的印章做成葫芦形，显示了王虎鸣的巧妙用心。第二枚邮票"琵琶行"，正中为一个琵琶图形，琵琶的轮廓中还有一个怀抱琵琶的琵琶女形象，把白居易在诗中的伤感之情——"同是天涯沦落人，相逢何必曾相识"形象地表现出来。因全诗较长，故将诗文缩印于票图中的琵琶里。琵琶的形状也经过严格的考证，挑选了诗人创作诗歌时代的唐朝制式的琵琶。总之，王虎鸣将诗歌、书法、绘画、印章四元素在每枚邮票中进行了巧妙的融合，诗书画印相映成趣，共同营造了诗情画意的唐诗韵味。

　　邮票以套票小版张的形式印制，小版张采用竖构图，中心位置是
6 枚邮票，邮票按顺序分别两两竖排连印。底部为北宋范宽的《雪景
寒林图轴》，小版张边纸配以唐代传统图案宝相花，以一朵祥云将邮
票烘托出来。祥云似流水状，自由洒脱，寓意"行云流水"，正切合
了诗歌的意境。

　　印制部门为这套邮票的创意设计提供了有力的技术支撑，邮票
上采用了珠光油墨、磷光油墨、檀香油墨、微缩雕刻、多媒体数码解
读器等先进印制技术和科技成果，并进行了有机整合。313 首唐诗、
25000 余字以微缩形式被全部纳入套票小版张中，同时还可以听到声

王虎鸣与著名美术家韩美林先生研究《丁酉年》邮票图稿

王虎鸣与著名邮票设计家邵柏林先生研究邮票打样效果

王虎鸣与香港特区邮政署官员研究邮票图稿

王虎鸣和著名艺术家黄永玉先生研究第四轮生肖"猴"票的图稿

情并茂的名家配乐朗诵。多元化的印制工艺从视觉、触觉、嗅觉、听觉等各方面赋予了这套邮票崭新的面貌和活力。可以说，这套邮票是艺术家与印制厂家完美结合的产物，是中国邮票在不断探索的道路上的一次飞跃，也是世界邮票史上的第一套多媒体邮票。

2010 年，《唐诗三百首》毫无悬念地被国际政府间邮票印制者大会评为邮票创新奖。这是王虎鸣为中国邮票设计斩获的第二个创新奖。这两个创新奖填补了我国在创新奖方面的空白。

30年，王虎鸣迈出的脚步是坚实的。他所设计的《中华人民共和国香港特别行政区成立纪念》《中国探月首飞成功纪念》《古代金面罩头像》《第29届奥林匹克运动会——会徽和吉祥物》《第29届奥林匹克运动会——火炬接力》《第29届奥林匹克运动会——竞赛场馆》《改革开放三十周年》《文房四宝》《梅兰竹菊》《福禄寿喜》《清明上河图》《千里江山图》《凤（文物）》，以及"中国书法系列""中国年画系列"等100多套邮票和20多项最佳邮票奖，已经为成功做了注脚。成功的一面是鲜花、奖牌和荣誉，而另一面呢？则是我们看不到的追求、艰辛与心血！

16

创新的脚步　工匠的精神

——河南省邮电印刷厂建厂 25 周年巡礼

河南省邮电印刷厂经邮电部批准，于 1992 年取得邮票印制资格。该厂以高度的责任感和"精品意识，创新精神"的理念致力于邮票印制工艺的研发及印刷，历经 25 年的风雨历练，截止到 2017 年度，共承印近 140 套纪特邮票。获得最佳邮票奖和最佳印刷奖的邮票一套接一套地从这个厂走出来，该厂成为又一个实力超群的邮票印制厂家。

1990 年～1997 年：借力发展阶段

20 世纪 90 年代初，河南省邮电印刷厂正式承担印制邮资明信片和信封的业务。1992 年，在河南省政府、河南省邮电管理局的大力支持下，经原邮电部考察批准，该厂正式取得了邮票印制资格，成为全国三家邮票定点印制企业之一。河南省邮电印刷厂及时引进了的德国海德堡五色、六色胶版印刷机，实现了从黑白印刷到多色胶版印刷的跨越。《党的好干部——焦裕禄》纪念邮票为河南省邮电印刷厂印制的首套邮票，由于当时缺乏制版设备，此枚邮票在河南省新华一厂制版。从此，河南省邮电印刷厂的邮票印制历史进入了"借助他人设备还原我厂核心技术理念"的借力发展阶段。小试牛刀后，1992 年 12 月发行的《青田石雕》特种邮票转由北京邮票厂制版。此套胶印邮票真实还原了青田石雕的质地和神韵，在第 13 届全国最佳邮票评选活动中斩获全国首个最佳邮票印刷奖，也正是从此套邮票开始，最佳邮票评选活动增设了最佳印刷奖。1995 年到 1997 年，先后在陕西省印刷厂和郑州吉星制版公司进行制版。历经 5 年的打磨历练，河南省邮电印刷厂先后成功印制了《野骆驼》《傅抱石作品选》《少林寺建寺一千五百年》《山水盆景》《中国古代档案珍藏》《五台古刹》等纪特邮票。1997 年印制的《寿山石雕》邮票，其胶印精度已从《青田石雕》的 200 线上升至275 线，生动刻画了寿山石晶莹如玉的质感。该票在第 18 届全国最佳邮票评选中再次荣获最佳印刷奖，奠定了河南省邮电印刷厂在邮票印制领域的坚实基础。

1998 年~ 2002 年：全面提升阶段

1998 年，河南省邮电印刷厂引进了海德堡滚筒扫描仪，至此开启了自行制版打样并完成邮票印制全过程的全面发展阶段。短短 5 年，河南省邮电印刷厂的调幅网制版技术从 1997 年的 275 线网点精度逐步上升到 300 线、350 线，期间印制的《九寨沟》《古代书院》《炎帝陵》《1999昆明世界园艺博览会》《龙（文物）》《塔尔寺》《中国陶瓷——汝窑瓷器》等邮票在业内获得了不俗的口碑。1999 年应邀参加在北京举办的"中国 1999 年世界集邮展览"，党和国家领导人亲临展会观看了这个厂的邮品打孔表演；表演时使用的梳式打孔机是河南省邮电印刷厂独立研制成功的，也是当时最为先进的邮票打孔机器。2000 年实现了调频网制版，同年印制的《塔尔寺》邮票是中国第一套调频网邮票，其精度为21μm，开创了我国邮票制版工艺的又一个先河。此外，2000 年该厂又斥资 2300 万元从瑞士引进了四色雕刻接线凹印机，将该厂的邮票印制工艺带入了雕刻时代。同年 9 月，占地 12000 平方米的综合生产大楼正式投产运行，大大提高了邮票的生产能力。

2003 年～2010 年：创新超越阶段

2003 年以来，河南省邮电印刷厂在"挑战极限，追求卓越"的核心价值观指引下，加压奋进，克难攻坚，邮票印制步入了勇于创新、不断超越的发展阶段，从此，一枚枚里程碑式的经典邮票陆续亮相。2003年下半年承印的《毛泽东同志诞生一百一十周年》纪念邮票实现了邮票印制从胶印到胶雕套印的革命性突破，一举摘得了"第 23 届全国最佳邮票评选"最佳邮票奖和专家奖两项桂冠，奠定了该厂在国内雕刻邮票印制领域的重要地位。2005 年的《复旦大学建校一百周年》胶雕邮票首次应用了无墨压凸技术和特种金属光泽油墨，充分展现了百年复旦的历史沧桑和辉煌历程。同年印制的《洛神赋图》邮票以微缩文字无墨起凸的方式将《洛神赋》全文分布在全套 10 枚邮票中，在侧光的作用下使用放大镜观察清晰可见，凭借无可争议的先进印制工艺在 2006 年的第26 届全国最佳邮票评选中一举斩获优秀邮票奖和最佳印刷奖两项殊荣。2006 年 8 月，由河南省邮电印刷厂印制的《中埃建交 50 周年》纪念邮票，作为国礼由外交部赠送给埃及驻华使馆，其为世界首枚立体光栅邮票。2007 年的《中国古代书法——楷书》胶印邮票采用仿宣纸胶版印刷，创新性地采用三维浮雕压凹技术，极大地增强了书法邮票的视觉冲击力，体现了印刷工艺和书法艺术的完美结合。

2008 年引进 CTP 直接制版技术，同年应用于《改革开放三十周年》邮票的印制中，使河南省邮电印刷厂的邮票调频制版精度达到了10μm。2009 年 4 月，河南省邮电印刷厂应邀参加在河南洛阳举办的"中国 2009 年世界集邮展览"，该厂承印的《中国 2009 世界集邮展览》小型张首次采用珠光幻彩油墨技术；两枚邮票通过不同特种油墨及制版工艺的整合表现了"胭脂红彩龙凤穿牡丹纹罐"和"掐丝珐琅缠枝牡丹纹藏草瓶"两个清代花瓶高贵典雅的神韵。2009 年承印的《唐诗三百首》邮票是世界上首套能够点读发音的多媒体邮票，在视觉上有力地烘托出了大唐王朝的盛世气象，雕刻凹版印刷的微缩文字和邮票上的诗词用手

17

触摸起来凸起感明显，局部檀香油墨用手轻轻摩擦散发出的檀香气息更增添了邮票的古朴高雅，尤其是将《唐诗三百首》全文25000字悉数印刷在邮票版张上，实现了"一版票、一本书"的设计理念，于2010年5月荣获第30届全国最佳邮票评选"最佳印刷奖"，并于同年9月问鼎在巴西举行的第13届国际政府间邮票印制者大会最佳邮票评选"最佳创新奖"。

2011年至今：全面创新阶段

2011年以来，河南省邮电印刷厂的邮票印制紧紧围绕"工艺使邮票更精彩"的路线，在保证邮票画面真实还原设计理念的基础上，通过不断整合新工艺、研发新材料、引进新设备等更为全面的创新手段，不断提升邮票的观赏性、趣味性和防伪性。

一、工艺整合创新

河南省邮电印刷厂不断探索现有印制工艺的整合创新，以期通过更加多元化的工艺形式表现出邮票丰富的文化内涵。

2012年的《福禄寿喜》邮票采用全息镭射膜局部烫印技术，特种四色油墨结合无色荧光、珠光油墨印制，辅以三维浮雕压凸工艺，使蝙蝠、梅花鹿、仙鹤、喜鹊四种祥禽瑞兽跃然纸上，同时将百福、百禄、百寿、百喜的微缩书法文字运用无色荧光油墨印制技术排列在邮票上，完美诠释了老百姓对美好生活的向往。同年印制的《太平鸟与和平鸽》邮票，通过胶印及三维压凸工艺，使象征和平与友谊的"太平鸟"与"和平鸽"栩栩如生、呼之欲出。这两套邮票分别斩获第33届全国最佳邮票评选的最佳印刷奖和最佳设计奖。

《世界计量日》邮票在国内首次使用冷烫工艺，通过冷烫实地、线条、网点结合变化，将不同的计量方式融合到一起，既细致入微地展现了计量的精确性特点，又有效地传达出现代科技的概念，完美演绎了"计量与光"的主题。

17

二、材料创新

2015 年中国邮政集团公司采用新的结算方式，以普通印刷和附加工艺成本相加的方式结算，进一步刺激了新工艺研发的热情。然而，如果没有新材料的发展与之相匹配，工艺创新将成为"无米之炊"。因此，河南省邮电印刷厂开始大胆尝试新材料的研发与应用。

1. 激光全息膜

《故宫博物院》邮票首次采用冷烫透明全息激光与联线 UV 印刷工艺印制，解决了全息激光可视角度局限的问题，逼真再现了故宫庄严肃穆、雍容华贵的古代帝王建筑风格。此套邮票在习近平总书记出访英国时作为国礼赠送给伊丽莎白女王，成为传播中国文化的重要载体。

《月圆中秋》邮票辅之以局部冷烫透明全息激光工艺，呈现出若隐若现的亭台楼阁和祥云，营造了神话中月宫的神秘氛围。同时，还采用了新的点阵雕刻技术，围绕月亮雕刻 56 个光点代表 56 个民族；利用香味油墨工艺散发出背景中桂花的淡淡花香，沁人心脾。

《中国邮政开办一百二十周年》采用胶印结合冷烫透明激光工艺印制，邮票背景在设计图稿的基础上增加了冷烫的中国邮政徽标，变换角度即可看到绚丽的光泽效果，体现了中国邮政丰富多彩的服务和与时俱进的现代企业气息。

2. 触感油墨

在保证印刷质量的基础上，河南省邮电印刷厂创新启用触感油墨，解决了邮票系列产品材质单一的瓶颈。《第十届中国国际航天航空博览会》《故宫博物院》纪念本票册均在封片上使用触感油墨，替代覆膜工艺，一方面赋予纸质品类似真皮的质感和触感，另一方面也起到耐折、耐水、抗刮伤等多重保护作用。

3. 专用油墨

为满足不同图稿的色彩需求，河南省邮电印刷厂自行调制了专用油墨，最大程度地还原设计图稿的原貌。

《刘海粟作品选》邮票首次实现三个印厂通力合作，采用一图胶印、二图影写、三图胶雕套印的方式。河南省邮电印刷厂承印的三图《黄山》采用多色分色工艺，在四色的基础上增加了矿石蓝和矿石绿两个专色，再现了原作的色彩精髓。在延续雕刻凹印线条硬朗风格的同时，用以点代线的雕刻布线方式，辅之以调制的略偏灰度的凹印油墨，表现出黄山独特的韵味，又使得此枚邮票的整体风格与前2枚邮票更加接近。

此外，2013年承印的《毛泽东同志诞生一百二十周年》邮票采用特种仿油画墨，较好地展现了油画的质感和厚重感；加之目前国际上最先进的10微米调频网印刷技术，使得油画细节处独具特色的层次感完美呈现。

三、制版技术创新

2015年开始尝试新的制版工艺，实现了雕刻版邮票印制工艺质的飞跃。改以前的醇洗制版工艺为现在的DLE制版工艺，雕刻线条更为精细，表现效果更加逼真。

《钱塘江大潮》邮票在印制工艺上采用胶雕套印工艺，以直线和抖动线表现"实"，以点和线的粗细对比表现"虚"，虚实结合，层次感十足。通过雕刻线条深浅粗细的变化，表现潮水汹涌澎湃的韵律；通过胶印时单一油墨墨层厚度的不同，体现色彩细微的变化。从房子、树木之间的深灰线条到大潮和水面的浅灰色小浪花，形象地再现了钱塘江大潮"一潮三看"的世界奇观。在贵州贵阳举办的第36届全国最佳邮票评选颁奖大会上，该票夺得"最佳印刷奖"桂冠。

《殷墟》邮票采用"六胶三雕"胶雕套印工艺，通过雕刻线条的疏密深浅变化和3种不同颜色的凹印油墨结合，以精湛的技术将甲骨文"字字入骨"的质感与厚重、青铜器历经沧桑的雄浑与斑驳、玉器礼神通灵的温润与光泽，刻画得淋漓尽致。

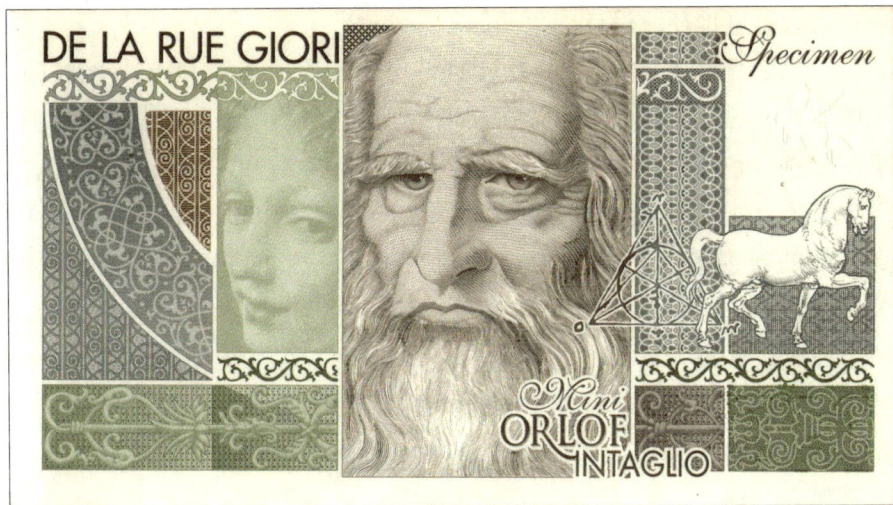

四、防伪技术创新

随着邮票市场造假现象的频频出现，河南省邮电印刷厂在探索多种特殊工艺的同时，开始注重混合加网、多色防伪油墨等新型邮票防伪技术的研发。调频调幅混合加网技术在 2016 年的邮票印制中得到了普遍应用，通过加网方式的调整，改变邮票局部网点的形状，使造假者无法通过扫描复制造假，消费者只需借助普通放大镜即可辨别。

此外，《中国工农红军长征胜利八十周年》在调频调幅混合加网的基础上，还在邮票中应用了多频混合调频加网，进一步增强了防伪效果。

五、设备创新

近年来，河南省邮电印刷厂不断强化设备能力的建设，通过引进一流的印刷设备，保障尖端工艺在印刷品生产中的成功运用。同时，为了更好地保障邮票的生产质量和时限，实现企业自身发展的降本增效，该厂开始致力于设备自主化、自动化的研发以及邮票印制流程的整合完善。

    2014年引进德国曼罗兰R700六色印刷机，标志着河南省邮电印刷厂进入了冷烫、UV印刷等新工艺时代。同年印制的《水果（一）》邮票采用了高保真印刷、香味油墨、10微米调频加网等前沿技术。期间，首次使用此台印刷机，实现了水性油墨的连线上光，有效保障了高网线多色胶印及4种水果香味油墨独特的呈现效果。随后的《世界计量日》《故宫博物院》《中国邮政开办一百二十周年》《月圆中秋》《扶贫日》等邮票均使用了冷烫、UV工艺。

    2015年实现了邮票打孔针板设备的自主加工，使得每套针板的制作周期缩短了3~4天，制作费用大幅度降低。

人才队伍建设情况

    人才是邮票事业成败的最为关键的因素，河南省邮电印刷厂从最初就高度重视人才队伍的建设。1992年，该厂一方面从北京聘请邮票专家手把手地教授印制工艺技术，自主培养出以林裕兴为代表的第一批邮票印制工艺师；另一方面，从当时的新华一厂、二厂以及中国人民解放军测绘学院教学实习二厂引进多名印刷机领机人员，形成了河南省邮电印刷厂最初的印刷团队。为了适应邮票印制技术对专业知识近乎严苛的人才需求，自1993年起，河南省邮电印刷厂先后从北京印刷学院、武汉测绘学院等高等院校引进以燕其廷、沈秀彩、黄彩红、杨泽胜为代表的印刷专业本科毕业生，2000年后又大批引进领机、大助等印刷技能人才，为之后邮票印制工艺的全面提升奠定了坚实的人才基础。随着我国印刷行业的蓬勃发展，当纳利、雅图仕等国际知名印刷企业入驻珠三角地区，带领南方印刷产业异军突起，形成了一定范围的技术壁垒。为了冲破技术瓶颈，实现邮票印制工艺的创新提升，自2009年起，河南省邮电印刷厂先后从广东环球邮品、广东鹤山雅图仕等印刷行业的领军企业引进以李耀平、邹智晓为代表的邮品印制工艺师，最终形成了目前的邮票印制团队。

　　25年来，在原邮电部、国家邮政局和中国邮政集团公司的领导下，河南省邮电印刷厂坚持发扬创新精神、发扬工匠精神，印制的邮票取得了多个业界第一，例如世界首枚立体光栅邮票、世界首枚丝绸镶瓷邮票、世界首套多媒体邮票、我国首枚木质邮票、我国首套多色雕刻凹印邮票……这些邮票都获得了业界人士和集邮者的好评。我相信，在未来的发展中，河南省邮电印刷厂会百尺竿头更进一步，为我国的邮票事业做出更大的贡献！

拉开了中国邮票发行的序幕

——纪念中国大龙邮票发行 140 周年

邮票，几乎是人人皆知的邮资凭证。然而在 19 世纪中叶，这个小小的纸片却是公众感到陌生的新鲜玩意儿。1840 年，最先完成产业革命并建立起殖民帝国的英国率先对古老的邮政进行改革，推行"一便士邮资"法，实行均一资费制度，并于同年 5 月 1 日发行了世界第一枚邮票——黑便士邮票。对于邮政这种脱胎换骨的改革，欧美各国纷纷效仿。至 19 世纪末，世界上已有近百个国家和地区的邮政主管部门发行了邮票。邮票的使用不仅推动了近代邮政的发展，也逐步呈现了记录历史和进行文化交流的功能。在 1840 年英国发行世界第一枚邮票 38 年后，大龙邮票也拉开了中国邮票发行的序幕。大龙邮票从酝酿到成功发行，是在清代海关试办邮政时期出现的一件有重大影响的事件。

海关试办邮政

中国近代邮政，是在 1840 年中国沦入半殖民地半封建社会这个大背景下，由海关主持邮务活动的基础上发展而来的。清代海关的最高官员为总税务司，按当今的称谓就是海关总署署长。但是从 1858 年 11 月 8 日（清咸丰八年十月初三）清王朝迫于压力与英国签订的《中英通商章程善后条约：海关税则》开始，拱手将海关税务司这一极其重要的国

家管理岗位让与了外国人。此后，这个握有海关大权的总税务司职务一直由外国人把持。从清同治五年（1866 年）海关总税务司介入北京和上海之间的外国邮件传递工作始，一直到光绪二十二年（1896 年）清代国家邮政建立，这期间海关完全控制着新式邮政的设立网点、确定邮资，规划经营乃至发行邮票。由于事先有约定，所以当时开办邮政带有试验的性质，故对这一时期称之为"海关试办邮政"时期。推动"试办"的是一个英国人，名为罗伯特·赫德（Robert Hart），时任大清海关总税务司。

罗伯特·赫德的中文名字为"鹭宾"。1835 年 2 月生于北爱尔兰，1853 年毕业于贝尔法斯特女王大学。1854 年来华，初在宁波、广州的英国驻华领事馆担任翻译。1859 年辞职，进入中国海关，10 月任广州粤海关副税务司。1861 起代理海关总税务司，1863 年 11 月正式担任清朝海关总税务司。赫德不仅在海关创建了税收、统计、检疫等一整套海关管理制度，还参与了晚清的货币改革、外交斡旋等事务。官位累升至正一品，成为清朝官职最高并且最有权力的外籍雇员。

1876 年，身为海关总税务司的赫德怂勇李鸿章仿照西洋模式，开办新式邮政。这个建议得到了北洋大臣李鸿章的"极力鼓励"，这可以

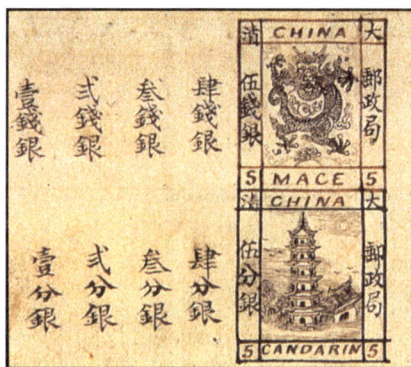

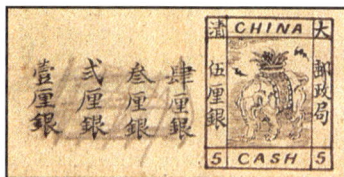

在赫德 1876 年 9 月 15 日的日记中见到记载："……而且北洋大臣李鸿章对于我试办邮政极力鼓励，并且答应试验成功时，由他正式出面建议改为国家邮政局。"李鸿章"极力鼓励"的原因，不外是两条：一是清王朝对国内传统邮驿、民信局、外国"客邮"并存的混乱情况束手无策、无计可施；二是实施新式邮政不一定立马能得到清廷批准，让外国人在海关进行试办，可以静观其变，成功后再接手，这样可以进退从容。

李鸿章对赫德的这一口头承诺，大大鼓励了赫德在海关内开始试办新式邮政的决心。随后，赫德便指派天津海关的德璀琳筹办中国海关邮务。海关试办新式邮政从此拉开了序幕。

1878 年 3 月，德璀琳以天津海关为中心，在北京、天津、上海、烟台和牛庄（辽宁营口）等五地开始试办海关邮政。从德璀琳选择的第一批开办邮政的地点来看，除了北京是大

清国的首都外，其余四处皆为沿海的港口城市。一来当时往来欧洲的货物和邮件均靠海运；二来在华的外国人大都集中在开埠的港口城市，德璀琳当然知道谁最需要新式邮政。办新式邮政，马上碰到的一个问题就是，没有邮票作为预付邮资的凭证怎么办？发行邮票由此提上了日程。

邮票主图的设计

邮票发行工作最重要的内容之一就是设计主图。中国的第一套邮票究竟用什么图案作为主图，这令设计者颇为纠结。尽管我们在海关的档案中没有找到那位神秘设计者的蛛丝马迹，但不难揣测到对于沿袭几千年的封建专制下的那张令人恐怖的大网，这个神秘人肯定得掂量掂量怎么能先保住脑袋。因为从世界第一枚邮票"黑便士"为发端，欧美等国家发行的邮票基本上是以本国的君主头像为图案，这在当时几乎成了定式。这种定式在大清国行得通吗？如果把光绪帝或慈禧太后的头像印到邮票上，再用邮戳盖上，这岂不是对光绪皇帝和"老佛爷"的大不敬？挑战皇权的威严，不仅是被长期压制的国人，就是当时耀武扬威的洋人，恐怕也要畏惧三分。谁都知道它的后果，那就是杀身之祸。因此，设计者在彷徨与揣摩间，小心翼翼地避讳了清王朝最高统治者的头像，而改用了三种象征性的吉祥图案作为设计方案。这三种方案都是推荐方案，一切由朝廷定，定什么就发什么。三个方案分别是宝塔图、云龙图和万年有象图。宝塔图所绘的是一座六层宝塔。宝塔在佛教中有驱除妖邪、护佑百姓的意思，也有解释为"天下六合，江山一统"之意。中国宝塔的层数一般是单数，通常有五层、七层、九层、十一层、十三层等，为

什么这幅图稿的宝塔只有六层？不得而知。所以，有人据此认为这三幅图稿应为不清楚中国人习俗的外国人所绘制。云龙图的正中是一条张牙舞爪的大龙，周围装饰祥云、海浪和江崖。万年有象图的正中是一头大白象，背驮一盆万年青，其上左右各有一只蝙蝠。蝙蝠的"蝠"与"福"字同音，"象"与"祥"字谐音，因此万年有象图被赋予了很多吉祥的寓意。最终，云龙图被选中。中国首次发行的邮票选用龙作为图案无疑是一种非常聪明的选择，因为龙在中国的地位和影响非同寻常，而且具有多重性象征，既令人畏惧，又令人喜爱。龙是中国人的图腾，是中国的象征，是中华文化的经典符号，代表着中华民族的性格。龙既可以显示神圣、威严，又是皇权的象征。因此，邮票选用龙作为图案自然是上下满意，皆大欢喜。

"大龙"邮票的印制采用的是铜质版模，由上海海关造册处印制。大龙邮票图案的正中是一条五爪蟠龙，龙首呈正面，两目圆睁，龙身弧形弯曲；四条腿，每腿的五爪伸向图案四角。龙上方有云，下有水，水中有石，龙首下方有一火焰珠。大龙腾云驾雾，煞是威严。邮票上的"大清邮政局"5个字及"x分银"是中文，其余文字是英文：上方标有"CHINA"（中国），下方标有"CANDARIN（S）"字样。"大龙"邮票也被称为"海关大龙"邮票。大龙邮票全套3枚，币制为关平银，面值分别为"一分银"（绿色，印刷品邮资）、"三分银"（红色，普通信函邮资）、"五分银"（橘黄色，挂号邮资）。 从大龙邮票发行以后的实践来看，这三种面值的搭配可以适应不同的邮资价目，基本上满足了当时邮政使用的需要。

大龙邮票的印制

大龙邮票先后共印制过3次。首次于1878年7月发行，纸质为硬性半透明薄纸，全张25枚，两枚邮票之间的距离为2.5毫米，通称为"薄纸大龙"。第二次于1882年发行，使用的纸张较为复杂。由于第二次发行"阔边大龙"票时，正赶上邮件数量猛增，邮票需用量大。在印制

18

时首先印制三分银邮票，纸张是采用1878年印制"薄纸大龙"时裁剩下的小张纸，因此阔边大龙三分银邮票的全张枚数为15枚（5×3）。而五分银邮票所用的纸张，则为法国制造的较为柔薄易裂的纸张。这种纸质不适合印制邮票，但因一时找不到其他品种的纸张，只能暂时采用；其印制数量较少，只有800个全张，共2万枚。当五分银邮票发行时，邮件数量日增，大部分邮票都被用于贴邮件，加之出售时间较短，仅9个月就销售一空，因此流入邮商和集邮者手中的数量很少，已成为较罕贵之珍品，通称为"大龙阔边票"。第三次于1883年发行，所用纸质较前稍厚，称为"大龙厚纸票"；两票之间的距离又恢复为2.5毫米。"大龙厚纸票"又分为厚纸光齿和厚纸毛齿两种。主要原因是由于纸张较厚，先期打孔时打孔器尖锐，打出的齿孔光滑，后期则因打孔器磨损，打出的齿孔毛糙，因而形成了"大龙厚纸光齿"与"大龙厚纸毛齿"之分。

关于大龙邮票的印制，一分银、三分银和五分银三种面值，每种面值都镌刻了一枚母模，再由母模各翻铸成25个子模；印制邮票时，把25个子模拼成横5纵5的印版，实施印制。故大龙邮票大部分都是每版25枚。每次印刷后，即把印版拆散，等下次印制时，再将各个子模取出，重拼成版，再行印制。大龙邮票究竟印制了多少枚呢？根据1905年绵嘉义的《华邮纪要》记载，包括薄纸、阔边及厚纸的统计：一分银邮票为206,486枚，三分银邮票为557,868枚，五分银邮票为239,610枚，共计1,003,964枚。对于上述大龙邮票的发行数量，历来有研究文章质疑数字有误，认为实际发行数量可能要大大超过这个数量。但那也是一家或几家推断之言。孰是孰非，准确与否，还是有待于新的档案材料来作旁证。

在这些存世的新票中，仅有一件全张邮票为孤品。这件存世孤品就是1882年发行的"大龙阔边五分银全张"。它最早由美国集邮家吉姆斯·施塔于20世纪初收藏，曾被中国集邮家周今觉誉为"西半球最罕贵之华邮"。

国宝珍邮回归

美国华邮集邮家吉姆斯·施塔（1870–1948），生于美国费城日尔曼镇，卒于费城，是一名理学士，曾为美军少校，1895年起在费城海耳煤矿公司任职。他自幼集邮，从1913年开始专门收集中国邮票，曾是美国中华集邮会前身"华邮小组"的主要成员，后曾任美国中华集邮会会长，著有《中国航空邮鉴》等。除做邮票鉴定工作外，他还任会刊《中国飞剪》的助理编辑，并为英国皇家集邮学会会士。

经过30多年的收藏与钻研，施塔所集华邮极为完备，其邮集中新旧票并存，还包括大量的连票、全张、各种错异体等。他还非常重视收集各种符合邮资的自然实寄封。施塔最著名的收藏是"大龙邮票集"，有两大册之多。由于他注重版式的研究，邮集内藏有各类全张票和大量实寄封，其中珍品很多，例如：存世仅一件的大龙阔边五分银全张新票、

18

阔边大龙五分银直三连实寄封等。1926 年，他的华邮专集在纽约国际邮展上获镀金奖。

20 世纪 20 年代，我国早期著名集邮家周今觉致力弘扬国粹，为搜求流落于外国人手中的华邮付出了极大的心血。周今觉从一位美国邮商朴尔的信中得知，其三四年前曾卖出去一件大龙阔边五分银全张新票。周今觉当时惊呼："双连四连我都从没见过，至于整张的，我就做梦也想不到世界上还有存在。这真是宝中之宝、王中之王了。"周今觉立即给朴尔发电报、写信，让他设法追回。结果得知此票已转了三四道手，落在了美国著名集邮家施塔的手中。周今觉又托朴尔去商谈，愿出重价购买。但施塔既是富翁，又是华邮收藏家，不肯出让。此事令"邮王"周今觉抱憾终生。

1948 年施塔病逝后，所遗邮集一直深藏于银行的保险柜。1991 年，施塔的外孙决定将包括这件孤品在内的施塔遗集拍卖。当年 9 月 11 日，英国苏富比公司拍卖施塔遗集，其中大龙阔边五分银全张新票被香港实业家林文琰购得，成交价为 37.4 万英镑。存世仅一件的大龙阔边五分银全张新票，被施塔及后人收藏了 71 年。至此，这件流落海外的中国第一珍邮终于荣归故里，引起国内外集邮界瞩目，林文琰也被誉为"新邮王"。目前，这件珍邮国宝被上海集邮家丁劲松收藏。

关于大龙邮票的发行日期，是我国集邮界曾长期探讨和研究的课题。由于在清代海关的档案中，一直没有挖掘到相关的准确信息，因此关于大龙邮票的发行首日一直没有定论。在 1988 年北京举办的大龙邮票发行 110 周年学术研讨会上，海内外专家学者经对多年考证、挖掘的史料进行分析，得出一个比较统一的认识，即大龙邮票发行日期的上限为 1878 年 7 月 24 日。

大龙邮票的发行距今已整整 140 年了，但关于大龙邮票的发行日期、设计者、雕刻者等，仍然是海内外集邮界津津乐道的话题。原因吗？只有一个，清代海关档案里查不到！比如，大龙邮票的设计者究竟是中国人还是外国人？是一个人设计，还是几个人设计？大龙邮票发行后，在

18

很长一段时间里它的设计者被认为是在海关任过职、一生著述颇丰的马士（H.B.Morse），但 1929 年 7 月 25 日马士本人否认了这种说法。这又让众多集邮家陷入五里雾中。从此，分析、佐证、探讨设计者是何人的文章一直不断。

大龙邮票发行至今已整整 140 周年了，毫无疑问，大龙邮票开创了中国邮票的发行史，是我国邮政发展历史上极其重要的事件，是清末由古老的邮驿向近代邮政过渡的一个重要标志。

参考书目： 1. 《中国海关与邮政》
　　　　　 2. 《中国海关密档》
　　　　　 3. 《中国邮票史》
　　　　　 4. 《大龙邮票集锦》

国邮瑰宝　珍重传承

——大龙阔边五分银全张和红印花小字"当壹圆"四方连的传奇经历

　　1999 年 8 月 21 日，"中国 1999 北京世界集邮展览"如期在北京东北三环的中国国际展览中心举行。来自全国各地的集邮者蜂拥而至，尽管人们观展的兴趣各有不同，但却有着一个共同的目的——要亲眼一睹已阔别祖国大陆达半个世纪以上的两件珍邮国宝。这两件国宝分别是大龙阔边五分银全张和红印花小字"当壹圆"四方连。大龙阔边五分银全张自 1882 年发行之后，唯一的一件全张一直在海外漂泊，直到 20 世纪 90 年代初，才由香港集邮家林文琰经拍卖购得，回流香港。而另一件珍宝——红印花小字"当壹圆"四方连自 1948 年离开祖国大陆后，1982 年由爱国华侨郭植芳的遗孀转让给林文琰。那么，这两件珍邮国宝是怎样流到海外的？它们经历了哪些曲折的经历？目前这两件国宝的主人是谁呢？

"西半球最罕贵之华邮"——大龙阔边五分银全张

　　关于"大龙阔边五分银全张"的来龙去脉，还要从 1878 年发行的大龙邮票说起。

　　1878 年，身为清朝海关总税务司的赫德怂勇李鸿章仿照西洋方式，开办新式邮政。李鸿章仗着在洋务方面的威望向恭亲王进言，得到首肯。

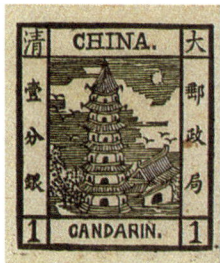

赫德遂指派天津海关的德璀琳筹办中国海关邮务。1878年3月，德璀琳以天津海关为中心，在北京、天津、上海、烟台和牛庄（辽宁营口）等五地开始试办海关邮政。发行邮票由此提上了日程。邮票发行工作最重要的内容之一就是设计主图。中国的第一套邮票究竟用什么图案作为主图，这令设计者颇为纠结。因为以世界第一枚邮票"黑便士"为发端，欧美等国家发行的邮票基本上以本国的君主头像为图案。这在当时几乎成了定式。这种定式在大清国行得通吗？如果把光绪帝或慈禧太后的头像印到邮票上，再用邮戳盖上，岂不会引来杀身之祸？因此，设计者提供的三种设计方案中，避讳了大清最高统治者的头像，而改用象征性的图案。三个方案分别是宝塔图、云龙图和万年有象图，最终，云龙图被选中。

"大龙"邮票的印制采用的是铜质版模，由上海海关造册处印制。大龙邮票图案的正中是一条五爪蟠龙，它两目圆睁，腾云驾雾，衬以云彩水浪。邮票上的"大清邮政局"5个字及"x分银"是中文，其余文字是英文：上方标有"CHINA"（中国），下方标有"CANDARIN（S）"字样。"大龙"邮票也被称为"海关大龙"邮票。大龙邮票全套3枚，币制为关平银。面值分别为"一分银"（绿色，印刷品邮资）、"三分银"（红色，普通信函邮资）、"五分银"（橘黄色，挂号邮资）。大龙邮票共发行过3次。首次于1878年7月发行，纸质为硬性半透明薄纸，全张25枚，两枚邮票之间的距离为2.5毫米，通称为"薄纸大龙"。

19

第二次于 1882 年发行，子模之间的距离加宽了，间距为 4.5 毫米，通称为"阔边大龙"。第三次于 1883 年发行，纸质较厚，称为"厚纸大龙"。1882 年第二次发行"阔边大龙"票时，正赶上邮件数量猛增，邮票需用量大。在印制时，首先印制三分银邮票，纸张是采用 1878 年印制"薄纸大龙"时裁剩下的小张纸，因此阔边大龙三分银邮票的全张枚数为 15 枚（5×3）。印刷一分银邮票时采用了一种不厚不薄的纸张，全张枚数为 25 枚（5×5）。最后印的五分银票，全张也是 25 枚（5×5）。纸张改用一种法国产的薄而易脆裂的纸张印制，这种纸质不适合印制邮票，但因一时找不到其他品种的纸张，只能暂时采用，其印制数量较少，只有 800 全张，共 2 万枚。当五分银邮票发行时，邮件数量日增，大部分邮票都被用于贴邮件，加之出售时间较短，仅 9 个月就销售一空，因此流入邮商和集邮者手中的数量很少，存世的新票仅有百余枚，已成为较罕贵之珍品。在这些存世的新票中，仅有一件全张邮票孤品，由美国集邮家吉姆斯·施塔于 1920 年收藏，曾被中国集邮家周今觉誉为"西半球最罕贵之华邮"。

周今觉致力弘扬国粹，为搜求流落于外国人手中的华邮付出了极大的心血。他从一位美国邮商朴尔的信中得知，其三四年前曾卖出去一件大龙阔边五分银全张新票。周今觉当时惊呼："双连四连我都从没见过，至于整张的，我做梦也想不到世界上还有存在。这真是宝中之宝、王中之王了。"周今觉立即给朴尔发电报、写信，让他设法追回。结果得知此票已转了三四道手，落在了美国著名集邮家施塔手中。周今觉又托朴尔去商谈，愿出重价购买。但施塔既是富翁，又是华邮收藏家，不肯出让。此事令"邮王"周今觉抱憾终生。

1948 年施塔病逝后，所遗邮集一直深藏于银行的保险柜。1991 年施塔的外孙决定将包括这件孤品在内的施塔遗集拍卖。当年 9 月 11 日，英国苏富比公司拍卖施塔遗集，其中大龙阔边五分银全张新票被香港实业家林文琰购得，成交价为 37.4 万英镑，约合 74 万美元。存世仅一件的大龙阔边五分银全张新票，被施塔及后人收藏了 71 年。至此，这件流落海外的中国第一珍邮终于荣归故里，引起国内外集邮界瞩目，林文琰也被誉为"新邮王"。

"东半球最罕贵之华邮"——红印花小字"当壹圆"四方连

清光绪二十二年，也就是 1896 年，在维新派的积极建议下，3 月 20 日光绪皇帝正式批准开办大清国家邮政。同时，邮资计费单位也由原来海关邮政时期的银两制改成银元制。新的大清邮政银元制面值的邮票已委托日本和英国厂商印制，但由于新邮未能及时运到，而邮政业务又急需用邮，因此大清邮政当局便将 1896 年海关委托英国华德路

145

印刷厂印制的、因故未能使用的印花票加盖"大清邮政"以应急需。因印花票为红色，故集邮界将这批加盖票统称为"红印花加盖票"。当时最急需的是各种高面值邮票，遂先加盖了"当壹圆"和"当五圆"两种，并加盖"大清邮政""暂作洋银"等字样，权当邮票使用。以后又加盖了1分、2分、4分等低面值票发行使用。

红印花加盖"当壹圆"最初先试盖了两整张，计50枚。大清邮政当局嫌加盖的字体太小，决定改用大字"当壹圆"字模。于是，红印花"当壹圆"邮票就有了大小字之别。小字红印花"当壹圆"邮票只加盖了50枚，目前存世量只有区区32枚。在32枚"红印花小字当壹圆"加盖票中，四方连仅有一件，因此这枚"红印花小字当壹圆四方连"成为蜚声海外的"东半球最罕贵之华邮"！

这批"红印花加盖邮票"的加盖数量约为65万枚，加盖面值共5种，其种类和面值为：加盖小字2分、4分、1元；加盖大字1分、2分、4分、1元、5元。待蟠龙邮票正式发行后，大部分"红印花加盖票"都被销毁。据考证，"红印花加盖票"仅仅使用了7个月便退出了历史舞台。

按理说，红印花加盖试印票应该按期回收并销毁，但为何流出了呢？这个责任人就是德国人费拉尔。费拉尔年轻时在法国学习绘画，1892年进入清朝海关造册处任邮票绘图员，从事设计和绘制邮票图案的工作，同时参与监印邮票，曾受命参与"万寿""蟠龙"等邮票的设计印制。1896年，这批红印花税票由费拉尔监督加盖，他不仅自己留下了3个单枚票，还留下了唯一的红印花小字"当壹圆"四方连。

近年来，邮学家研究后得出一个结论，红印花小字"当壹圆"实际上是试盖样票，加盖数量为两整版，共50枚，没有公开出售，是被以监印加盖邮票的费拉尔为首的少数人瓜分了。

这件原由德国人费拉尔"监守自盗"的华邮珍宝，在1904年费拉尔去世后，由他的遗孀秘藏，历经20年无人知晓，直到1924年才披露于世。

20世纪20年代的上海，集邮氛围浓厚，集邮界的重要代表人物

为周今觉。1923 年，已 45 岁的他开始集邮，1925 年又发起成立中华邮票会，同年创办会刊《邮乘》。

1924 年，小字"当壹圆"四方连先被上海英籍邮商施开甲得知，并告诉了周今觉。周今觉托施开甲向费拉尔的遗孀求购，费妻不肯转让。周氏费尽苦心，谋划 3 年，于 1927 年以 2500 两纹银购得，创造了当时中国邮票买卖的最高价格。周今觉因购得红印花小字"当壹圆"四方连这件最罕贵的孤品而享有"华邮之王""邮王"之美称。周今觉不仅在华邮研究方面做出了杰出贡献，而且还为提高华邮的国际地位不懈努力。他多次在国际邮展中被聘为董事、评审员。1936 年，纽约"万国邮票展览会"无视中华民族的尊严，公然要把华邮降格为镀金奖级。周今觉闻知，愤然撰文斥责"华邮降级，实为美国侮辱我国之见证，如该会不更正此点，余不愿担任任何名义，并不愿为丝毫之赞助。苟来聘书，当力掷还之。""吾为美国邮界羞之！"最后，该邮展不得不将华邮升为金奖级，他才答应担任评委，但未出席。拳拳爱国心，感人肺腑。

20 年后，周氏年迈，身体不佳，集邮兴趣衰退（一说为周今觉家可能遭遇变故），遂于 1947 年将这件四方连珍宝以 330 两黄金让与中国集邮家郭植芳。

1948 年郭氏移居美国，这件珍宝也跟随他漂洋过海到了美国。从 20 世纪 50 年代起，郭植芳陆续将邮品转让，惟有这件价值连城的四方连不肯出手。

1967 年郭氏病逝，他临终前叮嘱其妻要把这件"华邮珍品"转让给中国人收藏；宁愿以便宜价钱让给华人，也不以高价卖给外国人。郭死后，其夫人刘兆珊女士恪守其夫遗愿，对前来购买的外国邮商、集邮家一律谢绝。20 世纪 80 年代初，香港集邮家林文琰欲谋这枚四方连孤品，当时郭植芳夫人坚持邮票的新主人必须承诺不售让与外国人，也不交付拍卖；答应这两个先决条件，珍邮才能转让。林文琰于是向她承诺，终获梦寐以求的珍邮。

1982 年 2 月，林文琰先生以 30 万美元将这件四方连珍宝从美国购回，使这件在海外流落了几十年的"华邮珍宝"回到中国香港。而在寻觅这些邮票的过程中，中国集邮家表现出的崇高的爱国热忱，在国内外集邮界传为美谈。在 1999 年的北京世界邮展上，这件红印花小字"当壹圆"四方连首次踏进我国承办的世界级集邮展览的殿堂，向世界邮人一展芳姿，参观者络绎不绝。因为这次世界邮展，也使一个人和红印花邮票结下了不解之缘，自此以后，他开始收集拍卖会上各种红印花税票及红印花加盖票，终于在 2010 年将那件大龙阔边五分银全张和红印花小字"当壹圆"四方连一起由香港携回上海。这枚红印花小字"当壹圆"经过 60 余载的海外漂泊，终于重归故里。他就是来自红印花小字"当壹圆"四方连诞生地的上海集邮家丁劲松。在获得红印花小字"当壹圆"四方连后，丁先生颇为感慨地说："收集中国古典珍邮，原来纯粹是个人爱好，现在感到是责任所在了。与其说是拥有，还不如说是守护。"

红印花小字"当壹圆"四方连于 1897 年问世后，直到 30 年之后的 1927 年才被中国人购藏。在此后的近百年间，红印花小字"当壹圆"四方连经过周今觉、郭植芳夫妇、林文琰和丁劲松等几代人的传承，守护至今。百余年的沧桑，收藏红印花小字"当壹圆"四方连的中国集邮人各领风骚。周今觉不仅因为是首位收藏红印花小字"当壹圆"四方连的人，更以其致力邮学研究、弘扬华邮、嘉惠邮坛而被尊为"邮王"。郭植芳"誓将瑰宝让与华人"的赤子之心，令邮人动心，受邮人称誉。林文琰本着"独乐不如众乐"的集邮理念，多次携国宝于邮展上露面，让天下邮人一睹红印花小字"当壹圆"四方连，在邮坛传为佳话。

　　"华邮至尊"见证了邮政历史，积淀了民族文化，产生了迷人魅力，推动了集邮发展。故此，其宿主负有守护的责任。"不售让与外国人，也不交付拍卖"，承诺寥寥数语，实则深明大义。第一个条件，体现了报效祖国、热恋故土、珍重文物之情；第二个条件，体现了感恩先辈、守护遗产、崇尚邮德之心。有了如此条件，珍邮才能善存，守护才能圆满，传者才能如愿。"华邮至尊"承诺的"接力"，折射出中国人的收藏美德。

19

由红印花加盖想起的

对于老北京人来说，芒种就是个坎儿，过了这个坎儿，再无清凉可言。"艳阳辣辣"就是北京夏天的真实写照。怎么办？就一招，在家"猫着"。大蒲扇，喝凉茶。

日前，老友李毅民的一个电话，让我这个"猫着"度夏的散淡之人，颇为纠结。毅民是集邮界非常勤奋之人，他的著作几乎等身。近期，又一部大作即将问世。书名为《情系红印花——邮坛伉俪王纪泽与张包平之》。

我还没来得及祝贺，一声邀约，却带给我无限纠结。毅民是邀我写篇序言，放在书的前面。同时，还有一篇序言，是孙老少颖先生执笔。为何纠结？原因有二。一是对前辈王纪泽和夫人张包平之，从未谋过面，了解甚少；二来对前辈把毕生心血归集而成的《红印花专集》义捐国家，成为轰动邮坛的善举颇为敬仰。对这样一位近代邮坛的红印花"巨擘"，我来写序言，有这个资格吗？能写好吗？

毅民的诚恳力邀，令我战战兢兢把序言的任务接下了。怎么办？没有捷径，只有一招，认真读书。整整两天，尽管汗流浃背，书稿一气读完。

详实确凿的史料，群星荟萃般人物榜，人生脉络之缜密分析，流

畅娴熟的文字叙述等，都是这部书的特点，也是我一气呵成读完的助推器。

红印花及加盖票，已经毫无疑问成为历史，成为清末国家邮政外夷当道、大权旁落、束手无策的历史记忆。尽管发行时间短暂，但在中国邮票的发行史上，却是试盖变体最多、珍邮最多的一套加盖票。红印花加盖票历来被集邮界所喜欢，为集邮界所津津乐道。自打了解红印花加盖票以来，对它的主图、颜色、印制工艺，无不啧啧称奇。

"中国人以红为吉征，'红印花'邮票，色彩调和，鲜艳夺目，为红中之上品；而且雕刻精细，加盖简明，线条凹凸巧合，红黑相间互映；其内容无限含蓄，变化万千，象征着中国温文华贵的古典气派和深远的文化传统；加之版模、刷色、齿度、字体变异等，无不引人入胜。"正是红印花的迷人之处，才引得中外集邮家从20世纪初开始，为之痴，为之狂，为之殚精竭虑，也为之呵护有加。演绎出一幕幕精彩的大戏。

我作为曾主持过国家邮政局邮票发行工作的主要负责人，职业习惯让我始终有一个疑问，1896年3月20日，光绪在总理衙门的奏折上御批"依议"。从此，海关试办邮政移交国家邮政。那么，新的机构诞生了，还不马上把发行新邮票作为头等大事去办啊？为啥还要用

红印花加盖作为临时过渡呢？从当年 3 月 20 日到年底，有 9 个月时间运作新邮票，从时间推算完全来得及啊。更可悲的是，国家邮政开办之初不仅为新邮票迟迟未到着急上火，还搞成同一套蟠龙邮票不得不在日本和伦敦两地印刷，两次雕刻制版，两次异地印刷，不仅耽误时日，费用也必定要翻倍啊。这中间究竟发生了哪些状况，又遇到了哪些变故？

打开尘封的历史，拨开层层的迷雾，真相终于露出水面。很显然，一系列莫名其妙的失误和缺乏监管，致使在不该发生的时间里发生了不该发生的事：

一、1896 年 3 月 20 日，光绪已经在奏折上御批"依议"，那么组建新的国家邮政的机构应即刻启动。但遗憾的是，这个机构主事的邮政总办座椅却迟迟无人落座。史料显示，第一任邮政总办葛显礼于批示 3 个多月后的 7 月才履职赴任。当然了，邮政总办这个"一把手"未到，作为伙计们肯定诸事不宜。时间白白浪费了 3 个月。这期间，朝廷与海关之间就邮政总办人选事宜是否产生了分歧？按理说，大清国邮政理应由朝廷派国人任职，怎么又来了一位洋人戴上了大清邮政的顶戴花翎？目前，尚未有历史档案可以查证。

二、清代国家邮政在批准之初便规定"邮政局须制造信票（指邮票）"，并确定邮资以银元为计费单位。葛显礼履职后，直到 1896 年 8 月 15 日，费拉尔才在首任邮政总办的授意下完成了国家邮政邮资票品的设计方案。此时，距 3 月 20 日皇帝御批已过去了 5 个月。新邮票供应中的时间因素越来越凸显出来。这也影响到后来新邮票印制的各个环节。

三、在印制地点的选择上，葛显礼与总邮政司的赫德显然存在巨大分歧。赫德主张在英国印制，而葛显礼则倾向于在日本印制。葛显礼为了达到在日本印制的目的，曾三番两次地在来往文件中为在日本印制打保票，从而影响赫德在选择印制地点方面的决断。到 1896 年 9 月 15 日，赫德才通知葛显礼，授权他办理邮票印制和邮政物资供应，

"如果你认为日本是办理各种事情的最好地方，你就从日本办。"拖拖拉拉又过了一个月。

四、承办新邮票印制的费拉尔，于1896年10月8日抵达日本。费拉尔在考察中，没有选择日本官方的印制机构，也没有接受日本递信省的邀请，却偏偏选择了不靠谱的意大利人乔索内。乔索内只是一个雕刻师，但他却以个人身份包揽下了不该他承担的印制邮票的任务。这个不该发生的合同到11月20日最终签署。然而，利欲熏心的乔索内不甘于只有一份印制合同，他的计划是要第二份、第三份……到1896年12月12日，印制邮票事还在费拉尔与乔索内之间扯皮。

五、国家邮政原本计划1897年1月开始启用在日本印制的银元面值的蟠龙邮票，彻底泡汤。乔索内承办的邮票印制居然延后达10个月之久，才陆续将蟠龙邮票交上。邮政管理监管工作的缺失造成了无法估量的后果。

这一连串的失误和监管失察，造成国家邮政开办之初无新票可售。直到1896年年底，也就是大清邮政官局正式营业的前夕，邮政主管部门才不得不另辟蹊径，以解燃眉之急。于是，先将海关试办邮政时期的小龙和万寿邮票加盖银元面值。1897年1月，又将海关库存的红印花加盖暂作邮票，于1897年初陆续发售使用，以应急需，这才演绎出了一台红印花加盖的大戏。

试想：

——如果当初光绪御批之后，首任邮政总办能够立即走马上任；

——如果赫德坚持在英国印制邮票，而否决了葛显礼在日本印制邮票的动议；

——如果费拉尔在日本放弃与乔索内的合作，直接与日本官方合作；

——如果邮票发行管理完备，监管措施得当；

等等。

结果会是什么？当然，结果已毫无意义。因为历史就是历史。历

史不是任人涂抹的小姑娘。

我是个头脑不太安分的人，常常会一个人胡思乱想。我也曾扪心自问：如果1897年初蟠龙新票如期发行，你是愿意出现这样一个结果？还是愿意出现新票不能按时发行，以红印花加盖票过渡这样一个结果？毫无疑问：红印花加盖票。

红印花加盖票，是清代第一个在非邮资票品上加盖大清邮政暨银元面值的邮票，也是唯一的一个。他的出现，充分地把国家邮政成立后，大权旁落、管理缺失造成的后果留给了后人，任凭历史评说。国家积贫积弱，朝廷腐朽至极，列强独霸邮权那一页已经永远翻过去了。但就邮票发行管理方面来说，这种教训，也值得汲取。扛大任者，必有斯人也。把重要工作交给有智慧、有能力、有品德的人，一句话，交给靠谱的人！同时加以监管。即便是当下，也有普遍意义。

红印花加盖虽然仅发行了短短的 9 个月。但是红印花加盖邮票发行之后掀起的一波又一波的涟漪，却延续了整整一个多世纪。研究红印花加盖的邮文，简直数不胜数。为红印花出版的文集，用连篇累牍更觉得恰当。追逐红印花加盖、拥有红印花加盖、研究红印花加盖逐渐演变成为上世纪20年代到60年代经久不衰的"红学"热潮。在这股"红学"热潮下，催生了一代又一代的"红学"研究大家，红印花加盖过程中一个一个谜团被逐步解开，珍重国宝，守护国宝，也成为周今觉、郭植方、王纪泽、林文琰那一代人的共识。他们创造的历久弥坚的故事，已经成为中华民族宝贵的历史记忆。或许，不是或许，这个故事必定还会延续下去！

致敬，红印花"巨擘"王纪泽和张包平之伉俪！

致敬，所有为红印花加盖的研究、传承、守护、传播的集邮界人士！

艺术大师们的生肖情结

　　我国从 1980 年开始发行生肖邮票，至 2015 年已整整发行了三轮生肖邮票。2016 年起开始发行第四轮生肖邮票。在 39 套生肖邮票中，共有 30 多位国内著名的艺术家参与了设计。这其中既有享誉国内外的老一代艺术家如黄永玉、张仃、周令钊、韩美林等，也有中年艺术家如陈绍华、吕胜中、吴冠英等，更有年青一代艺术家王虎鸣等。

　　说起曾设计我国第一枚生肖《庚申年》（猴票）的黄永玉，恐怕无人不知，无人不晓。但我要说，发行生肖邮票的最初建议也是由黄永玉提出来的，恐怕知道的人就不多了。这还要从 38 年前的一段往事谈起。黄永玉和邮票设计家邵柏林是师生关系，邵柏林对学校的老师十分敬重，即便是黄永玉被批"黑画"受冲击的年份，邵柏林在元旦和春节也必去看望。这让黄永玉十分感动，并以挚友相称。1979 年 1 月 1 日，邵柏林夫妇又去看望刚从"风雨"中走出来的黄永玉，并提出请黄永玉先生画一组动物邮票。黄永玉先生一口应允，并向邵柏林建议：为何不发行一组生肖邮票呢？明年是猴年，今后 12 年我都给你们画。

　　邵柏林觉得这是个好主意，决定将此建议向邮票发行局汇报。双

方约定，过一周邵柏林再来取稿。1979 年 1 月 9 日，黄永玉将一幅"猴子"画稿交到了邵柏林手上。邵柏林看着这只充满灵性、活泼可爱的"猴子"，知道一枚精彩的邮票就要诞生了。正是黄永玉的建议和这只充满灵性的"猴子"画稿，邮电部最终批准了邮票发行局关于发行"猴年"邮票的请示。这只"猴子"经过邵柏林的精心设计，于 1980 年 2 月 15 日，以当年干支纪年的名称《庚申年》邮票正式发行。中国生肖从此登上邮票舞台。

第一轮生肖邮票的第二枚是《辛酉年》鸡票，设计者是原中央工艺美术学院院长张仃先生。张仃是从延安走出来的艺术家，曾设计了《中国人民政治协商会议》会徽。1949 年 10 月 8 日发行的新中国第一套纪念邮票《中国人民政治协商会议第一届全体会议》就是张仃和钟灵先生担纲设计的。说到《辛酉年》鸡票的图稿，还有一些细节。张仃先生画的鸡票第一稿，画面是公鸡和五毒。因为端午节"驱五毒"

是民间传统，而公鸡是五毒的天敌。后来，张仃为了突出生肖"鸡年"这个主题，第二稿索性去掉了五毒，只保留了大公鸡画面。张仃非常喜欢毕加索的艺术风格，并曾几次邀请毕加索来华访问，但因种种原因，毕加索临终前也未能如愿。这幅"鸡"票图稿，各种色块的组合既体现出雄鸡羽毛的五彩斑斓，也把毕加索的艺术风格融合到自己的作品中。

周令钊先生是第一轮生肖《壬戌年》（狗票）的设计者。周令钊先生 1919 年出生，今年虚岁已整整 100 岁。令人赞叹的是，已进入百岁高龄的他，笔耕不缀，创作不止。周令钊曾担任中央美术学院教授、实用美术系主任、壁画系民族画室主任、中国美术家协会理事、水粉协会会长、邮电部邮票图稿评议委员会委员等。在他几十年的美术生涯中，最著名的作品，恐怕非开国大典天安门城楼上的毛主席像莫属。周令钊还参与了国徽、团徽设计以及"八一勋章""独立自由勋章""解放勋章"图案的设计，参加了第二、三、四套人民币的总体设计。特别值得一提的是，周令钊从上世纪 50 年代开始，就参与了多套邮票的设计工作。有纪 45《胜利超额完成第一个五年计划》、纪 69《中华人民共和国成立十周年邮票》（第三组）、纪 70《中华人民共和国成立十周年》（第四组）、T121《中国历代名楼》、T70《壬戌年》等。特别是第一轮生肖狗票《壬戌年》，曾勾起周老对孩童时代的回忆。周老孩童时代在农村生活，家里养了一条大黑狗。每次进城，大黑狗都要送他一程，为什么呢？原来在村头有一只黄狗，常出来咬人。每逢这时，大黑狗肩头的毛都要竖起来，黄狗一看就会溜之大吉。这条大黑狗在周老的心中留下了深深的印记。上世纪 80 年代初，周老在设计第一轮生肖狗票时，自然而然把这只大黑狗的形象设计到了邮票图稿里。你们仔细看，《壬戌年》里的狗是不是黑色的呢？2018 年发行的第四轮"狗"票，仍由当时已 98 岁高龄的周令钊担纲。

韩美林，第一轮生肖邮票"猪"票的设计者。1936 年 12 月 26 日生于山东，清华大学美术学院教授，中央文史馆研究员。2015 年，被授予"联合国教科文组织和平艺术家"称号，中国当代极具影响力的

21

天才造型艺术家，在绘画、书法、雕塑、陶瓷、设计乃至写作等诸多艺术领域都有很高的造诣，大至气势磅礴，小到洞察精微，艺术风格独到，个性特征鲜明，尤其致力于汲取中国两汉以前文化和民间艺术精髓，并体现为具有现代审美理念和国际通行语汇的艺术作品。韩美林称自己为"陕北老奶奶的接班人"，源于他在陕北的采风，韩美林深深地被"陕北老奶奶"充满乡土气息的剪纸、泥塑、农民画折服，并从中汲取了丰厚的营养。1985年韩美林还曾为邮电部设计了特种邮票《熊猫》。2017年的《丁酉年》（鸡票），中国邮政特约韩美林先生设计，他在1000多幅鸡的画稿中，精心挑选了两幅，成为了第四轮鸡票的主角。

吕胜中，第一轮生肖邮票"蛇"票的设计者。用民间艺术的营养去滋润生肖邮票是吕胜中的一贯特色。从20世纪80年代深入陕西农村，与民间剪纸艺人一起研究和整理中国传统民间文化，到2004年起执教中央美术学院实验艺术系，吕胜中的艺术创作养分汲取自民间。学习民间艺术之后，吕胜中才发现民间艺术的博大与包容，于是升起对文化本身的浓厚兴趣，他将民间艺术与传统文化的精髓在当代语境中达成转换，缔造出新的价值，借古开今，这是吕胜中传承与光大民间艺术的最大贡献。吕胜中在某种意义上代言了中国民间艺术，并将它推介至寻常百姓，乃至国际领域。正是吕胜中的这种执着，使得他在极具中国传统文化的生肖邮票设计上，大放异彩。在已发行的前三轮生肖邮票中，都有吕胜中的作品。尽管竞争者众多，最终执牛耳的非吕胜中莫属。除了第一轮的"蛇"票，还有第二轮《丙子年》（鼠票），第三轮的《乙酉年》（鸡票）和《丙戌年》（狗票）。在第三轮生肖邮票图稿的遴选过程中，国家邮政局邮资票品司专门组织成立了生肖邮票专家委员会，并邀请国内顶尖的平面设计家参与生肖邮票设计作品的竞争。当时对这些设计家的要求是，每人设计3枚，即第三轮的猴、鸡、狗。吕胜中设计的三枚生肖邮票图稿作品在众多高手中独中两枚，就是《乙酉年》（鸡票）和《丙戌年》（狗票），不能不佩服这位民间艺术大师的设计功力。这些邮票一经问世，好评如潮。

陈绍华，1954年生于浙江上虞。中国著名平面设计师，1978年至1982年，是陈绍华最为难忘的四年。在中央工艺美术学院装潢系学习期间，陈绍华得到了张仃、吴冠中、袁运甫、余秉楠、陈汉民等许多老一辈艺术大师的悉心指点，使他在艺术创作的灵感上有了升华。陈绍华曾参与了多套邮票的设计，《联合国第四次世界妇女大会》纪念邮票，《世界防治艾滋病日》纪念邮票以及我国第三轮生肖邮票开篇第一枚"猴"票，就是他的精心之作。这枚时尚、灵动、靓丽的《甲申年》（猴票），又一次点燃了广大集邮者对第三轮生肖邮票的期待。之后，陈绍华又参与了多套生肖邮票的设计，如2007年"猪"票、2009年"牛"票、2012年"龙"票、2014年"马"票，居然有5套生肖邮票中选，这也使他成为设计生肖邮票最多的艺术家。

王虎鸣，中国邮政集团邮票印制局副总设计师，我国培养的第三代专业邮票设计师。第二轮生肖邮票"虎"票、"兔"票、"马"票、"羊"票都出自王虎鸣之手。王虎鸣毕业于中央工艺美术学院装潢系。他与袁加（《长江》《黄河》邮票的设计者）、张磊（《教师节》邮票的设计者）都是学校顶尖的高材生，并称为学校"三杰"。三人都曾进入原邮票发行局总设计师邵柏林的法眼，准备招到邮票印制局从事邮票设计工作。但由于袁加和张磊已留校，无法更改。天生爱才的

21

邵柏林费尽周折，才把已分到内蒙文化局的王虎鸣要到手。1987年也成为王虎鸣人生重大转折的一年。从投身到邮票事业的那一天起，王虎鸣就将自己的命运和中国邮票紧紧联系在了一起，并将大量心血抛洒在中国邮票的编辑、设计、工艺、批样等各项工作上。王虎鸣凭借对中国邮票事业的热爱和丰富的工作经验，出色地完成了大量的邮票编辑和设计工作。如今王虎鸣毕业从事邮票设计已30年。30年，王虎鸣交出了一份令人满意的答卷：30年共设计邮票140多套，仅次于设计数量达150多套的设计泰斗孙传哲；30年中最佳邮票获奖无数，堪称最佳邮票获奖数量第一人；由王虎鸣创意设计的《民间传说——梁山伯与祝英台》小本票和《唐诗三百首》邮票在两次国际政府间邮票印制者大会上都夺得最佳创新奖，填补了我国在国际邮票创新奖项的空白。

21

童年的快乐

我出生在北京一个普普通通的四合院里。院子狭长，被青灰瓦帽头的一堵白墙隔成了里外院，一条青砖小道从大门直通里院。房后是一棵老榆树，遮天蔽日，浓浓的树荫正好罩住了不大的庭院。每到夏天，大树成了知了的乐园。清晨，金橙色的朝霞刚刚洒满叶片，吱吱的知了叫声就唤醒了熟睡的孩子们。一到中午，恬静的院子里，没有了孩子们的喧闹，知了更加肆无忌惮，拔高音频，大有舍我其谁的感觉。傍晚，是院子里人气最旺的时候，大人下班，孩子放学。不大的院子中央，又成了口头信息交换的平台。

也不知什么时候，知了退位了，就没了声响。下了班的大人，摇着蒲扇，光溜的膀子上搭块凉的湿毛巾，马扎，板凳，或坐或站，京城轶事、街边新闻都在这里汇聚、品味。大人们常挂在嘴边的话题，往往离不了足球——年维泗、张宏根，那时候就成了男孩子们耳熟能详的人物。

院子的西墙很高，墙下种了不少花草，鸡冠花、西番莲、草茉莉，还有向日葵。向日葵的花瓣刚打开，心急的孩子们，站上小板凳，踮着脚，在勉强够到的花盘里翻找瓜子，那真是一乐。

晚上，湛蓝的天空，满天星斗。只要抬头，就能看到北斗星，弯弯的勺把，大大的勺兜，让孩子们充满遐想。也不知从什么时候起，天空就像罩上了一把满目疮痍的"伞"。星星虽然还是那个星星，月亮也还是那个月亮，天际间却一片浑浑噩噩，孩子们坐在空地上数星星的游戏，是再也做不成了。电器时代虽然还没有光顾这块土地，但孩子们的心目中，"玩"这个词从来不缺少内容——捉蜻蜓、逮蛐蛐儿、粘知了。就连工地上的一排水泥管子、一堆沙土，也能让孩子们玩得兴高采烈、昏天黑地。那时候，家家户户的照明光源，只有白炽灯。家里，胡同，马路上，虽有灯照着，总是昏昏的、黄黄的、暗暗的，每个电线杆下只有一丁点儿亮，走出去几米，就是一片黑暗。学校的老师，作业留得很少，考试也在平平淡淡中过去，大概20世纪五六十年代的老师，所有的老师，面对当时"光"学的落后不忍心把孩子们死死地捆在昏暗的灯光下，因而也创造出了一个"世界真奇妙"。也就是那会儿，每个班的"四眼儿"居然奇货可居。进入21世纪，科学技术进入到了超水平发挥时代，照明光源也不知研发到多少代了，对光学一窍不通的我，搜肠刮肚也找不出几个带"气"字头的新灯名。我只看到，一幢幢新楼里飘洒出来的光线，都不再是昏昏的、黄黄的、暗暗的，白炽灯已退而其次，只有照照楼道的份了。而照如白昼的各种灯具，也没阻挡住眼镜在学校里的快速"普及"。据说现在，个别班级里戴眼镜和需要戴眼镜的竟达七八成，照此下去，眼镜业一定是最有前景的行业。闲来同学聚会，扯到孩提时代，物质贫匮虽然刻骨铭心，但比起当代学生，总有一股不知是幸运还是幸福的别样滋味！

　　天一擦黑，屋顶下巴掌大的天地，是拴不住男孩子的。每到这个时候，评书大家那磁石般的说书声就会响起来。《说岳全传》是男孩子最爱听的评书之一，岳母的虚怀若谷、国家为上，岳飞的忠勇报国、壮怀激烈，岳云的冲锋陷阵、少年英雄，深深地影响着这一代人。《烈火金刚》《敌后武工队》这些段子，虽然过去了几十年，里面的精彩情节，至今仍能说出一二三来。往往正说到兴头上，"欲知后事如何，且听下回分解"。评书大家一句收官的话，带来孩子们一片惋惜声。精彩

22

的环环相扣，巧妙的故事伏笔，招引得孩子们不管在胡同里玩得多么恋恋不舍，只要时间一到，就撒腿往家跑，生怕落下一两句。

每到七八点钟，昏昏的路灯下，又成了孩子们的乐园。蚂蚱、呱嗒扁儿、油葫芦，不甘黑暗，纷纷展开翅膀，驾临灯下。大家瞪大了眼睛，只要它们一落地，马上变成孩子们的囊中之物！那时候，"宠物"这个词还没生成，狗是家家都不能养的，即便是农村，打狗队一遍又一遍地扫荡，使得狗早已销声匿迹了。养猫虽然街道不管，但那时猫算不得宠物。哪比得现在，猫啊，狗啊，金贵得不得了，不仅有专门的猫食狗食罐头伺候着，就连棉背心、小裤衩也一应俱全。那时家里养只猫，主要任务是捉耗子。老平房一住几十年，每到夜深人静，耗子就肆无忌惮地在纸糊的顶棚上随意行走，哗哗哗，仿佛下雨一般。养的猫是不问产地何方，是否纯种的。只有一个标准，不管黑猫白猫，只要能逮着耗子就是好猫。

热爱小生命，是孩子们的天性。捉到了蚂蚱、油葫芦之类，就放到用铁丝网卷成的笼子里，再放进去几把沾着露水的青草。每天放学，第一件事就是观察笼子里的虫子，草吃没吃，虫子精神不。萤火虫，是童年常见的昆虫，院子里，黑暗的犄角旮旯，都能找到它们的踪影。听爷爷讲，古时候有的人家点不起油灯，就用萤火虫照明读书。抱着好奇心，我一晚上捉了五六只萤火虫，把它们包在薄薄的棉花球里，想照着古人学一把。可不知怎的，书上的字愣是看不清楚。长大了才悟出道理：梅花香自苦寒来，精神，难得的是一种精神。等道理悟出来，萤火虫却悄悄地从人们的视线中消失了……

童年的往事，尽管过去了几十年，仍然历历在目。童年，虽然生活在物资短缺时代，童趣与欢乐却从不短缺，在电脑大行天下的今天，孩子们的物质生活极大丰富了，可他们的童趣究竟在哪儿呢？

写在《中国集邮史》编纂工作启动之际

2017年5月27日，《中国集邮史》(1878—2018)编纂工作正式启动。全国政协副主席、中华全国集邮联名誉会长王家瑞亲临现场祝贺。作为1999年版《中国集邮史》编纂工作的组织者，听闻此讯，倍感欣慰。犹如炎炎夏日，兜头灌下一瓶沁人心脾的"北冰洋"!

1999年版《中国集邮史》启动于1996年10月15日。编纂的内容上溯至1878年大龙邮票诞生，止于1996年，是全国集邮联组织编写的一部开创性的集邮史书。在各省、自治区、直辖市集邮协会，各行业集邮协会，以及全国众多集邮家的砥砺拼搏下，历经两年多时间，终于在"1999年世界集邮展览"之前付梓完成，并在"中国1999世界集邮展览"上荣膺大镀金奖。这部书的历史价值有三：第一，填补了我国在集邮史方面的空白。就中国集邮史这一浩大工程，只有聚全国之力，集邮人之智，方能圆满。第二，对我国第一套邮票，即大龙邮票诞生以来的集邮活动、集邮组织、集邮研究成果、集邮市场、我国参与的国际集邮活动进行了全面的总结。特别是对我国早期的集邮活动、集邮人物进行了挖掘，并给予了客观评价。第三，注重群众参与，注重寓教于乐是我国集邮活动的一大特色。史书浓墨重笔地对改革开放以后我国集邮形势、特点、经验、规律给予了恰如其分的评价。可

23

以说，这是一部经得起历史检验的史书。参与《中国集邮史》的撰稿人、审稿人、翻译人，包括各省的集邮协会，都为这本书做出了重要贡献。我看到曾参与这部史书的名单中一连串已逝者的名单，不禁深深地惋惜。在这里既要对他们曾作出的贡献表示由衷的谢忱，也希望他们在天堂能继续拥有集邮的乐趣。

1999 年版的《中国集邮史》由于种种原因，也存在一些不足，如对新时期集邮文化的讨论，基层群众性活动的展示，民间集邮组织的发展和贡献等，着墨不多。期待在新编纂的《中国集邮史》（1878—2018）中给予补充完善。

全新版的《中国集邮史》（1878—2018）的编纂启动，我相信不仅是我内心的期待，也是全国的集邮者都期待的一件大事。《中国集邮史》（1878—2018）面临着两大任务，一是对 1999 年版进行修订、勘误、补充；二是对 1999 年至 2018 年我国的集邮组织、集邮活动、集邮文化、集邮研究成果以及集邮市场的发展变化进行全面的总结和撰写。两大任务都十分艰巨。我相信，有全国集邮联的鼎力支持，有全国集邮者的翘首以盼，有以李近朱、林轩为首的一批集邮家的担纲，《中国集邮史》（1878—2018）一定会以全新的面貌出现在 2019 世界集邮展览之上，它不仅是向世界集邮展览展示的 140 年来中国集邮的丰厚成果，也是向中华人民共和国成立七十华诞献上的一份厚礼！

《方寸话春秋》大型访谈节目的幕后花絮

　　2017 年 4 月中旬的一天，我正在外地出差。电话响了，手机屏幕上显示是个固话。来电的地区号：0451。0451 是哈尔滨市的长途区号。这就怪了，最近和黑龙江邮政联系不多，这是谁打来的电话呢？接还是不接？这是我逢收到新电话号码时的应激反应。每每都要在这两者之间徘徊一下。这两年，手机里烦人的事不少："先生您好！"透着客气。紧接着"我这边是做贷款的，您有需要吗？"一会又一个："我是房屋中介，有一处房子很便宜……"。这些烦人的电话，不分时间，不分地点。中午你躺下刚想眯一会儿，电话来了，不敢耽搁，一接，"您要发票吗？"您说，这火气能不往上撞吗？

　　接还是不接？又一次叩问大脑。最终还是理智占了上风。电话那头是一个轻柔的女子的声音。您是刘司长吗？我是黑龙江省集邮协会的副秘书长，姓郎。

　　原来，黑龙江省邮政分公司的总经理刘福义，为了更好地向社会公众普及集邮知识，与省电视台商定，在周末的黄金时间，推出一款大型电视文化访谈节目——《方寸话春秋》。任务分工明确，电视台负责录制和播出，包括主持词和片子中旁白的文字。访谈对象的遴选和每集的内容由省集邮协会负责。省集邮协会经过研究，决定从北京

请两位集邮家到黑龙江录制，一位是李近朱，一位是我。

李近朱是我多年的好友，他的爱好跨界三个领域：电视、音乐、集邮。访谈节目找他，自然靠谱。

电话里，郎副秘书长和我详细讨论了希望我讲的内容，并确定其中的三集由我来作嘉宾，接受访谈。

几天后，我把电话打过去，和郎副秘书长就要讲的内容进行了沟通。最后敲定：世界和中国珍邮，两集；生肖邮票，一集。三集集中在一天录制。

6 月 26 日，我如约赶到哈尔滨。接站的是一位女士，高高的个子，打扮时尚。一看就知道是一位里里外外都能张罗的热心人。原来她就是郎副秘书长。寒暄之后，郎副秘书长将这两天的安排一五一十地做了介绍，并且告诉我，明天上午 9 点半，剧组就要进场录像。这么急？访谈节目中必不可少的道具怎么办？这次录像，背后没有大屏幕。我介绍的七八套珍邮，如果没有图像，怎么介绍？观众看不到直观的画面，效果如何保证？这是我始终担心的问题。

您放心，带硬盘了吗？保证今晚送到您房间。

郎副秘书长的保证让我忐忑的心稍稍放下一些。

晚饭后，一个牛皮纸袋送到我的房间。纸袋里是 A4 硬卡纸打印的图片，全部是彩色的放大珍邮图片，清晰、艳丽。更为难能可贵的是，硬卡纸表面是亚光的，也就是说，在录制现场即便有灯光，也不妨碍向观众展示。这真是让我喜出望外。所有的担心、忐忑一扫而光！

这件事，让我不能不对黑龙江省集邮协会和郎副秘书长的办事效率及细致的工作刮目相看。

录制现场安排在邮政博物馆的三层。博物馆是个老建筑，虽已历经八九十年，但保护、修缮得很好。说起邮政博物馆，在各省的邮政公司，邮政博物馆可不是家家都有。除了中国邮政博物馆之外，省一级的邮政博物馆只有上海、天津、山东和黑龙江才有。如果没有足够的邮政老物件，没有清晰的邮政史脉络，这个邮政博物馆可不是说办就能办的。

主持人是个叫张芳的女孩，眉目清秀，浑身洋溢着活力。据说，张芳是省电视台十大主持人之一。在整个录制过程中，她的底稿打得瓷瓷实实，每个珍邮介绍的转换，珍邮热点的把握，她都应对自如，滴水不漏。

一个上午要录三集，但三集不是一次播出。如果观众三个星期都看主持人穿一件衣服，是不是显得有点寒酸？张芳却有备而来，她的上衣是录一集，换一件。我怎么就没想起来呢？我录了三集，都穿一样的衣服，观众一定会问：刘建辉怎么三个星期都不换衣服？他洗不洗衣服啊？

三集片子录得非常顺利，不到下午 1 点，全部完成。为了纪念这次录制，所有的剧组人员，包括灯光、场记、摄像、主持人和我一起照了三集的封镜照。该吃饭了，郎副秘书长赶忙招呼大家收拾东西。剧组的几位连连摆手：不用，不用。我们有盒饭，马上回台，还有任务。几个年轻人的作风，着实要给点赞！

节目录制完成后，我的心一直牵挂着，录制的效果究竟怎么样，我举着的珍邮照片观众能否看得清，有没有跑冒滴漏的现象，等等。等待的滋味其实就是一种煎熬。

24

8月31日，郎副秘书长打来电话。通知我，《方寸话春秋》"世界和中国珍邮"及"生肖邮票"内容的三集，已排在第4、5、6集，将在9月2日周六晚上10点播出。

9月2日晚上，我一门心思就是等22点钟的到来。我平时有个习惯，晚上10点钟准时上床，雷打不动。早上6点起床，也是雷打不动。这个习惯已经坚持了多年。我虽然是个足球迷，但每逢在欧洲或美洲举办足球赛，让我半夜起床，亦或是熬夜观战，对不起，到点睡觉。我还没到超级球迷的阶段。

我早早地就将电视频道调到了黑龙江卫视。22:00整点如约来到。奇怪，卫视播出的电视剧怎么还没结束呢？可能是广告长了，电视剧拖沓了。22:05分，没有完；22:10分，还在播。咦，怎么回事呀？

发微信给郎副秘书长，询问开始播了吗？她回信说正在播。奇怪，我怎么看不到呢？继续问她是黑龙江卫视吗？这下才弄明白，原来是黑龙江卫视影视台。

嗨，真是阴差阳错！马上调台，可转了一圈，也没找到黑龙江卫视的影视台。原来，北京歌华的有线电视每个省只选一个台。黑龙江卫视的影视台没有！没办法，只能等郎副秘书长的录像了。

几天后，录像通过微信传过来了。看完第 4 集，真让我傻眼了。里面有几处硬伤：旁白说到黑便士，不知电视台从哪里找到的根据，竟然说黑便士仅存 2 枚，这不是开国际玩笑吗？另外旁白将 1896 年大清海关在英国华德路公司印制的红印花原票，误读为税票。我在介绍一分洋红帆船邮票时，也发生了口误，本来 6 先令应是 72 便士，我误读为 30 便士。这些低级错误，不能再传播了。看完这一集我马上给郎副秘书长打去电话，请她和电视台联系，一定要更正过来，并且建议电视台，能否在正式播出前，提前让相关人员，特别是采访对象看看，以免再出现不该出的差错。其实，我在 1990 年任邮电部新闻处长时就涉猎过电视专题片的策划，之后不论在全国集邮联，还是在国家邮政局邮资票品司，都拍过不少电视专题片，包括电视剧。每次电视片在送审之前，有一个环节是必不可少的，那就是"复读"，即配音、配乐全部完成后，主创人员、相关参与人员一起，对片子进行最后的把关。往往在拍摄过程中不易察觉的瑕疵，就会在这时暴露无遗。怎么办？现在来看，我们参与的片子，至今都立得住，没有出现不该出现的问题。应该说，"复读"把关，成全了这一切。

经过这一集的风波。《方寸话春秋》的第 5 集和第 6 集均没有再出现跑冒滴漏的问题。我衷心祝愿《方寸话春秋》节目能够为黑土地的文化生活再增加一抹亮色！

24

"青鸟"赞

去年，阳历四月的北京没有往年如期而至的桃红柳绿，处处是焦黄的一片，树干是黄的，树枝也是黄的。再加上西北风从蒙古腹地搬过来的几乎肉眼看不见的黄沙沙，心情可想而知。恰在此时，四月十日，不，四月十二日，那邮戳盖得清楚极了。就是这只来自千年古都的飞鸿像一股春风，催开了心底之花。

粉红的纸，大红的印。"为了营造生机勃勃的企业文化氛围，提高邮政员工的文化素养，活跃职工业余文化生活，增强企业凝聚力，展示陕西邮政文化建设的丰硕成果，陕西省邮政文联近期拟出版陕西邮政《青鸟》文艺刊物。该刊物属于纯文艺性杂志，刊载内容有文学、书法、摄影、绘画等作品。"尺素阅罢，如饮甘霖。不禁为陕西邮政这一决定拍手叫好！

陕西邮政历来重视企业文化建设，在全国各省、区、市邮政部门中，始终走在前列，他们创造了多个第一：第一个成立省邮政文联，第一个成立省书画协会，第一个成立省文学协会。在陕西这片热土上，邮政职工的爱好可以得到承认，邮政职工的才华可以得到展示，他们不仅活得有尊严，而且可以活得有滋有味！

如今，《青鸟》杂志创刊了，终于和全省的邮政职工见面了。他们会和每一位邮政职工见面，会和他们握手，会和他们第一次握手。他们一定非常新鲜，新鲜的名字，新鲜的杂志，新鲜的作品。杂志给每一位邮政职工带去的不仅仅是问候，它还带去了这样一个信息：《青鸟》是陕西的，是陕西邮政的，是全体邮政职工的，不管你是投递员，还是营业员，甚或是勤杂工，他们都是这本杂志的主人，也都是杂志中的主角。《青鸟》的门槛不高，你只要有兴趣，愿意动动笔，把身边所接触的、所看到的、所想到的、所悟到的，不用追求华丽的辞藻，不用纠结是否有流利的文笔，你只要把握真情，用笔记载下来，每一个人都可以写出一篇好文章。

鼓掌，为《青鸟》杂志的正式出版发行，更为拥有自己杂志的陕西邮政职工鼓掌！

25

致敬，浙江邮政作协

北京，芒种一过，气温就腾腾往上窜。古人曾用"艳阳辣辣卸衣装，梅雨潇潇涨柳塘"来形容芒种节气。两句诗分别写了南北两地截然不同的气象特点，真是神来之笔。北京活脱脱就是一个"艳阳辣辣"。家里不需要衣冠整齐，衣装卸的只剩光膀子、穿大裤衩，但浑身上下依然汗津津的。一天到晚，尽管热是主旋律，但菜还得买，饭还得烧，日子还得过。看官们会说，空调，开空调呗！先打住，空调是有，不能不装。人家都装，你不装，是有病。可我真享受不了。一吹准出毛病，不是肩颈受风，就是腰酸腿疼。怎么办？摇大蒲扇，喝凉茶！现代版的返璞归真。

今早，又是一个艳阳天。热浪伴随着阳光扑向这个城市的每一个角落。注定，又是个难捱的一天，怎么办？蒲扇还要摇，凉茶还要沏。可上午的一个电话，却让我犹如喝了一杯又凉又爽的消暑茶。

电话是李志铭打来的。浙江省邮政作家协会主席李志铭是我将近30年的好友。那时我在邮电部新闻处任职，志铭在浙江省邮电管理局宣传处工作。工作相同，志向相同，爱好相同，使远隔千里的两颗心如影相随，肝胆相照。几句问候，几句寒暄，志铭不经意的一组数字，却舒畅了我的心田。

浙江省邮政作家协会自成立迄今的 5 年间：

——浙江省邮政作家协会的会员人数已达 44 人，其中中国作家协会 1 人，浙江省作家协会 10 人，全国邮政作家协会 15 人；

——浙江省邮政作家协会会刊《信》共刊发作品 331 篇，其中，散文 181 篇，小说 61 篇，诗歌 69 篇，报告文学 5 篇，评论 15 篇；

——浙江省邮政作家协会会员在社会公开发行的文学报刊上发表作品 1800 余篇。

这些令人羡慕、令人赞叹的数字，对于我这个始终关注、推动邮政一线文学创作的一介老骥来说，不啻就是一杯清冽、甘甜、爽口的凉茶啊！

多年来，喜欢邮政，喜欢邮政特有的文化，喜欢对邮政特有文化的宣传，是我一生的最爱。

现代邮政是组织严密、架构合理、运转协调的社会化大生产企业；现代邮政又是在最古老的置邮传命中涅槃而生的企业。他有与生俱来的独特文化，有植根于独特文化的邮政群体。我历来认为，邮政独特的文化是与邮政生产的特点相伴而生的，它的生产环节组织严密，环环相扣，而环与环之间的连接都是由人，即员工来完成的。所以，邮政生产与电信生产最大的不同就在这里。我们邮政生产环节与环节之间是通过人与人的交接来达到邮件传递的。而电信不需要人的交接传递，员工只要面对电信设备即可完成。用形象一点的话说，邮政员工面对的上家和下家都是天天见的熟脸，而电信员工面对的则是冷冰冰的"铁脸"。所以，邮政文化里所特有的应该包括情感，包括情义，也包括信义。邮政特有的文化包含在邮政生产的每一个环节中，正是这种特有的文化作为催化剂、润滑剂，邮政这部特大型的机器才能运转，才能发展。所以，在中国邮政这个群体中，从来不缺少文化，不缺少喜欢文化、又喜欢宣传邮政文化的文化人。

在全国一百万的邮政员工中，怀揣文学梦的员工应该不在少数。他们一边为生计奔波，一边不放弃文学之梦的召唤。哪怕一丁点时

26

间，哪怕睡前餐后，写上几个字，写上几句话的感触，对于一天的辛苦，就可以欢悦地把疲惫送走。他们不吃专职的邮政宣传这碗饭，却心甘情愿、义无反顾地通过流淌在他们笔下的文字，向社会、向千千万万的公众介绍邮政，介绍邮政这个绿色大家庭的前世今生以及发生的巨大变化。正是这些活跃在全国各地的、在 8 小时之外耕耘的业余作者，成为邮政对外宣传不可或缺的一支庞大力量。

我曾经问过一位打小喜欢文学的一线速递员工，他的名字叫王林，已是 5 年工龄的劳务工。

小王，如果明年还不能转成合同工，你可能要离开邮政了吧？

为什么呢？我已是中国邮政作家协会会员，生活很充实。甘蔗不能两头甜，我不会只为多几个钱离开邮政的。

多么可爱的小伙子！他在人生的天平上，把砝码推向了实现梦想的一边。这些喜欢文学的普通员工，多么渴望能够得到理解，多么渴望有一个文学组织能成为他们的家，使他们的梦想能实现，使他们的才能得到认可。

正是基于对浙江邮政文学爱好者的关怀与尊重，在全国邮政作家协会的号召下，浙江省邮政作家协会 2012 年 9 月在杭州正式成立。全省怀揣文学梦的员工奔走相告。这一天成为了浙江邮政爱好文学员工的盛大节日。

而作为浙江省邮政作家协会的旗手，李志铭的脚步没有停下。他在思考，几十位本省邮政作协会员的作品在哪儿发表？邮政员工的文字水平参差不齐，他们的作品在哪个平台可以展示？中国邮政报？还是地方都市报？那可如同是千军万马过独木桥啊！选用我们的稿件恐怕不亚于中彩票。他想到了办刊，可办刊何其难啊！难，不是止步的理由。他把打算如实地向省公司党组做了详细汇报。省公司党组对一线员工的工作与生活，包括业余文化生活历来非常重视，他的设想得到了省公司党组的全力支持。

《信》办起来了。2013 年，《信》杂志创刊。5 年过去了，《信》

成为省级邮政作协目前唯一仍在出版的刊物。《信》不只是一本杂志，它是浙江省邮政作家协会、也是浙江省邮政分公司为全省邮政员工搭起的一个平台。在这个平台上，每一个邮政员工都可以施展才能，都可以把自己略带稚嫩的作品发表出去。当这些员工看到他们手写的稿件被码成一排排宋体字，在杂志里集结成书时，那种心情，那种满足，那种愉悦，是无法用文字来表达的。更为可贵的是，浙江省邮政作家协会以大视野的胸怀，海纳百川，《信》不仅刊登浙江本省邮政员工的作品，全国各省邮政作协会员的稿件也得以刊登，因而得到了各省邮政员工如潮的赞许啊！

我衷心希望，《信》文学大赛一届一届搞下去，让它成为沁润职工心田、宣传传统书信文化的载体。

祝贺，浙江省邮政作协 5 年来的成就！祝贺，浙江省邮政作协每一位充满活力的会员！

26

圆

半空挂着月亮，好大好大的月亮。又大又圆。

今晚，不知道有多少人在看月亮，在欣赏月亮，在欣赏这么大、这么圆的月亮。尽管阴晴圆缺，古今难全，但月亮还是寄托了人们太多的期许。团圆、镜圆、梦圆……好多好多，过程可以艰辛，可以等待，看到圆月，就能看到希望，预示结局圆满。

月圆之夜的静谧是迷人的。元大都遗址公园，每到夜晚，我都要来转一转。纳凉，散步，小憩。躲开了闹市的噪杂，寻觅的就是一个字——静。

我仍然沉浸在月圆的遐想之中，忽然的一个电话，把我从遥远的天际拉了回来。号码显示，电话来自浙江湖州。湖州？很快，大脑瞬间的检索有了结果。哦，对了。这是昨天浙江工会副主席李志铭推荐的一位爱好文学的员工，叫金鸣霞，家就在湖州。

金鸣霞，1973年夏天出生在美丽的太湖之滨。母亲是邮电局的支局长，是个优秀的支局长。不仅人长得漂亮，工作也是出了名的干练。虽然她现在已经退休了，但在镇上一提起金支局长，没有一个不竖大拇指的。耳濡目染的金鸣霞，幼时就有了个志愿，长大要像妈妈一样，去邮局！19岁，金鸣霞如愿地在太湖边上的邮政所，当上了一名邮政

营业员。6年后，金鸣霞也像妈妈一样，担任了煤山邮政支局的支局长。本已十分优秀的金鸣霞没有停下脚步，业余时间自修了心理学，还把证考了下来。二级心理咨询师，健康管理师，婚姻家庭咨询师。她说，职工压力太大了。她要学习，帮他们解压。是的，社会节奏的加快，带动了压力的陡增。不解，彷徨，自闭……像幽灵一样，若隐若现。金鸣霞的周围，不仅有员工，还有社区的老人，甚至厌学的青少年。这让金鸣霞深感震惊。她知道，如不对患有抑郁的人进行干预，那么，走向自杀则是或早或晚的结局。她义无反顾地当起了义工，工作之余，她去看望有些许抑郁倾向的员工，看望有不太正常倾向的少年。和他们聊天，交朋友。一对一，听他们倾诉，听他们讲心里的话。慢慢的，他们不再选择孤独，心敞亮了，人也走向了阳光。每每看到他们的变化，金鸣霞就开心，就快乐。有几个转变过来的孩子，不叫她老师，不叫她阿姨，叫她妈妈。妈妈，多么神圣的名字！她知道，这是孩子们对她最高的褒奖！如今，金鸣霞已是大客户中心的主任，她的团队团结、敬业、勤勉、阳光。年逾40的金鸣霞，用佛语的一句话，堪称功德圆满。

爱好是成功的阶梯。金鸣霞也有爱好，自小就有的爱好——读书。不知不觉，8岁的金鸣霞开始写儿歌。自己写，自己唱。随着年龄的增长，慢慢的，她开始有了自己的梦想，一个深藏在心底的梦想——文学梦。种子种下了，必然就有收获。参加工作后，各种小文陆续在当地的报刊上发表。没几年，金鸣霞创作的诗歌，也开始登上省一级的刊物。

金鸣霞说，生活里面，每次看见一草一木都喜欢留下一些感言，留下对生活的热爱。他的诗歌《痕迹》写到：

你是天边 / 我深爱的寂寞的一轮 / 总是在无人的时刻 / 静静的升起 / 每次恶梦惊醒的夜晚 / 你如水的目光 / 就是盖在我身上温暖的被 / 紧紧包围的爱意是拂不去的痕迹 / 在这样的夜晚 / 星星闪烁着美丽的眼睛 / 我因为没有风的打扰 / 我因为没有害怕的声音 / 我在所有的幸福里沉沉睡去。

她的诗歌不仅遍及世间万物，也把诗歌献给敬爱的母亲。她不记得是哪一年，母亲生日的夜晚，桌子上并没有装饰精美的生日蛋糕。她用心底流淌出来的语言，庄重地写好一枚贺卡，送给了风尘仆仆下班回来的妈妈。妈妈眼睛里噙满泪水，在她小小的额头上深深地印上了一个吻。以后，每年的这一天，金鸣霞都要写上一枚贺卡送给妈妈，一直到今天。

金鸣霞是幸运的，她有一个幸福圆满的家庭，有一个团结和谐的营销团队，有一个已结出硕果的文学爱好。但她还有一个梦要圆——把她的诗歌积攒成册，付梓出版。如今，金鸣霞的梦想实现了。当她手捧这本油墨味尚未散尽的诗集时，那颗又大又圆的月亮一定在她的心中驻下了。

北极村邮局的姐妹们

我们的谈话是从晚上 8 点 40 分开始的。

原定的是晚上 7 点采访。这是北极村邮局打烊的时间。当然，也是这个邮政支局的支局长于霞下班的时间。但是，我足足等了这个最基层的"领导干部"1 小时 40 分钟！

她踏进门槛，我下意识地看了一下表: 8 点 40 分。对不起，对不起！让您久等了，不好意思！人还没落座，一连串的道歉，反倒让我不好意思了。

原来，北极村邮局有一个不成文的规定：只要还有一个用户在办业务，就不能关门。就是这条不成文的规定，让很多错过营业时间的用户，意外地获得了营业时间之外办理业务的机会。有一个旅行团，早上 6 ：45 就要出发，头一天晚上找到于霞，希望能在 6 ：30 到邮局寄发信函、明信片。第二天早晨 6 ：30，游客半信半疑地赶到邮局，发现北极村邮局真的为几名游客提前开了半个小时的门！

北极村是一个极特殊的地方。虽然不在北极圈里，却是我国距离北极最近的地方。它的地理坐标为东经 122° 21′ 05″ 至 122° 21′ 30″，北纬 53° 27′ 00″ 至 53° 33′ 30″。这里是我国最北的旅游景区，也是全国观赏北极光和白夜胜景的最佳观测点，素

有"不夜城"之称。北极村依山傍水，烟波浩渺的黑龙江从村边流过，浓厚的乡土气息和保存完好的生态环境令人称道。北极村的夏天，白天平均气温只有24度左右，夜间平均气温只有15度左右，这里不仅凉爽，还是天然大氧吧，森林覆盖率高达87%，新鲜的空气沁人心脾。每当夏至前后，这里一天24小时几乎都是白昼，由此吸引着国内外的游客从各地赶来，欣赏这一年一度的自然景观，整个夜晚充满欢乐和浪漫的气氛。

北极村邮局地处村中心十字路口，慢慢地成为来此地的旅游者必去的地方。能踏上祖国最北端的土地，也是不少国人的梦想啊。给亲朋好友寄去一份亲手写的祝福，也不枉来此地一游。所以，白天是旅游者的高峰，而晚上则是住宿客人来寄明信片的又一个高峰期。虽然邮局门口的营业时间为上午7：00-晚上7：00，可挡不住一拨又一拨的用户啊。于霞几次要离开，但身边的用户围着她就是不放她走。

坐在我对面的于霞干练、精明，清癯的脸庞上有着一双大眼睛。尽管已经忙碌了整整十几个小时，眼睛里却丝毫没有疲惫的影子。于霞的家位于500多公里外的呼玛县。由于路途遥远，于霞将孩子托给了婆婆，自己索性搬进了局里，将邮局当成了家。她的爱人叫魏庆明，在林业局工作，好在北极村周边林子不少，魏庆明也向于霞靠拢了。于霞的团队由8个女孩子组成，名副其实的"娘子军"！在团队中，于霞就是"大姐大"，各方面都呵护着小姐妹。上班早，下班晚，班上又抽不开身，这三顿饭可怎么办？没容于霞开口，魏庆明给接下了：我做吧！

真是好老公！

从此，三顿饭魏庆明包下了。黑龙江省邮政工会推进的职工小家建设，配齐了厨房的锅盆碗筷，桌椅板凳也置办齐全了。就看老魏的了。老魏的厨艺相当不错，这也是于霞逼出来的。于霞顾不上，孩子的饭，全家的饭，也不能饿着不是？这就愣把老魏逼出来了。

这头一顿饭，就把姐妹们乐坏了。好吃！香！比我家的饭好吃！

这评价，倒让于霞自豪了不少。

随着旅游热度的提升，北极村已经成为不少旅游者的首选。让客人们写点什么，做点什么，买点什么，带点什么？这是"娘子军"团队天天思考的问题。这几年，北极村邮局的服务项目一年比一年多。除了日常业务，陆续增加了风光明信片、自创型明信片、北极村信卡、个性化专用邮票邮折、各种景点的纪念戳等。为了及时调整营业项目，增加收入，于霞的团队每天都要开晨会、夕会，分析顾客的需求，增加营业的种类。北极村盛产蓝莓，这种野生的小蓝果子，富含花青素，是当下富贵病最佳的保健品。她们及时进货，新鲜的蓝莓、干果蓝莓、浓缩蓝莓汁、蓝莓饮料、蓝莓冰酒等。虽然一些商店也卖蓝莓产品，但架不住邮局有优势啊，用户买完，立马就邮走。用户到家了，EMS也到了。于霞的团队手上干着，脚下走着，嘴上脱口而出的口头广告，让不少用户动了心。

请看北极村邮局历年来的发展：

2010 年　　业务收入 96 万元

2011 年　　业务收入 111 万元

2012 年　　业务收入 234 万元

2013 年　　业务收入 356 万元

2014 年　　业务收入 360 万元

2015 年　　业务收入 370 万元

2016 年　　业务收入 410 万元

北极村的旅游高峰期，与别处有所不同。这里的高峰期有两个，每年的 6、7、8 三个月，是夏季高峰期，而 12 月、1 月、2 月，则是另一个高峰期——冬季旅游季。冰雪、圣诞是冬季旅游的主打特色。这次，于霞的团队可做了个非同凡响的事，她们居然把圣诞老人请来了。我要说清楚，这个圣诞老人可不是穿件圣诞老人衣服、带个有球球的红帽子、粘个白胡子的凡人。这个圣诞老人是专门从芬兰请来的，是芬兰政府"加冕"的，正儿八经的"圣诞老人"。这个"圣诞老人"

她业绩彰显了可敬可亲可爱的基层
邮政人的风采。向漠河邮局的同志
们致敬。

国华总：

您好！最近我去了一趟黑龙江，无意中对漠河北极村
邮局做了一次采访。北极村邮局的女职工们表现出来的敬业
精神、用户至上精神、优异的团队精神，以及她们为发展业
务表现出来的自我牺牲精神，深深地感动着我。回来后，赶
写了一片文章，呈上请阅。我个人建议，北极村邮局这个典
型，应该好好挖掘、宣传一下。

郭国华
8.31.

谨祝

秋琪！

（转发邮政报）

建辉谨呈
8月23日

28

刘建辉同志作为一个老邮政人，
充满了对邮政的感情。他最近到
黑龙江漠河北极村邮局做了一次采访。从
他采访的情况来看，北极村邮局的职工们
以局为家，爱岗敬业，不畏艰难，开拓
进取，以优质的服务在边陲小镇业诠释了
中国邮政普遍服务的意义，以良好

B字 1070
17年8月30日

187

是有执照的呦！正是这个"圣诞老人"，把小小的北极村邮局带火了！每天一开门，等着和"圣诞老人"照相的游客，就排起了长队。合影、签字，甚至还有要加微信的，"圣诞老人"天生而来的大胡子，不知一天要被游客捋多少次！这玩笑开的，他们就是想验证这胡子是不是真的？可这个"圣诞老人"从接待第一个游客开始，一直到结束，微笑始终是常态！不得不佩服这位芬兰人的职业道德。

每年的旅游高峰，同样是当地旅店、餐饮业营业的高峰。每到旺季前，家家户户都做足了功课。餐饮业提前备好了货，免得到时抓瞎。旅店业早早把房屋打扫、粉刷，准备迎接一批又一批的客人。往往这时，在邮局工作的姐妹们，电话就要被家里打爆：回来吧，家里一天的收入，就顶你一个月的收入啊！是呀，不论在家干什么，邮局职工的收入，都是没法比的。可这些姐妹们，就是不为所动。每个人心里都有一句话，离开这个集体，我舍不得！

张瑞雪，是个"90后"。孩子才一岁多，就由婆婆照看。可这个小张，干起来常常忘了喂奶的时间。孩子可不懂你忙不忙，到点吃奶，天经地义！每次都是婆婆打来电话，她才想起来，娃还饿着呢！她知道，这顿数落是没跑了。这顿数落犹在耳边，可到明天，喂奶的时间又忘到九霄云外去了。

这些姐妹们是可爱的，但她们幸运的是，身边有一位呵护她们的大叔。这位大叔就是漠河县邮政局局长周明辉。周明辉真的心疼这些姐妹，心疼他们一天十几个小时的工作量，心疼她们没有休息过一天假期，也心疼她们毫不顾忌每个月特殊的那个生理期。他总想为她们做点什么，是啊，哪怕是一点点！不能让她们这么辛苦，要给她们换班！周明辉下了决心，他从周边的几个支局调来了换班的人员，强迫这些职工回家休息。

人到家了，心还在班上。晚上，于霞团队微信群里的一条信息，让"娘子军"炸了窝。怎么，一天下来收入才一千多？还不到我们每天收入的十分之一？于霞不干了。她连夜打电话给周明辉：我们不休了，明天团队上岗。

听了这句话，周明辉眼圈都红了。他知道，说出大天也拦不住这只"娘子军"啊！第二天一早，周明辉赶到了北极村邮局，他夜里就想好了，今天要自己上手，炒上几个菜，犒劳犒劳这些小姐妹。

周明辉刚一露头，眼尖的小张就发现了：周局长来啦！屋子里一片欢腾。

今天我做饭，想吃什么，举手！

锅包肉！

拔丝红薯！

放心吧，都满足！

要说周明辉的厨艺，那可是餐馆的水平。锅包肉最难掌握的就是包汁，甜、咸、微酸，汁水明亮。菜一端上桌，一片叫好。转眼功夫，几个菜就见了底。

拔丝红薯，炒糖有点过，苦了吧？周明辉有些歉意。

不苦，不苦，可甜啦！是啊，局长亲自掌勺，慰劳大家，不加糖，都甜到心里去啦。看着大家这么高兴，周明辉心里才算心安。

每年的春节前，是"娘子军"团队最期待的日子。农历二十八、二十九，省公司的刘福义总经理必到北极村邮局去看望她们。同时，每一个职工都能收到刘福义的贺卡。贺卡上是刘福义精心题写的诗词，这诗词每个人都不一样哦！最激动人心的压台大戏是包饺子，这和馅是包饺子最吃功夫的环节，每年都是刘福义上手，把在北京和馅的心得带到了北极村。鱼馅、猪肉白菜馅，一起包，一起围起来吃。祝福来年又是一个红火年。

注：圣诞老人是当地政府为丰富当地旅游业而出资从芬兰邀请过来的。北极村邮局经反复与当地政府协商，最后争取到让圣诞老人来邮局服务。

28

189

嘱托

目的地。达州。

中国国际航空公司 CA1487 航班经过两个小时的飞行，已经开始平稳地下降，朵朵洁白的浮云如梦幻般地在舷窗边变化着、飞舞着，然后调皮地一闪而过。

山川渐渐清晰。机身下一片绿色，山是绿的，水是绿的，还有一片一片的竹林，也是绿的。我虽然还被飞机厚厚的金属包裹着，但绿色分明就在身边，就在脚下。我的心早已飞出机舱，贪婪地接受绿色的拥抱，吮吸那潮潮的、润润的、青青的、令人陶醉的气息。我喜爱绿色，原因再简单不过：它从不争奇，也不斗艳，永远甘做陪衬；它象征生命，又象征健康，永远昂扬向上！

造访达州，是为寻找一个人，寻找一个天天穿行在绿色大地中的人。这个人叫何爱国。长期在邮政工会的我，对于电子版中何爱国的资料，已经十分熟悉：

何爱国　男　1968 年 6 月 30 日出生

　　　　　　1983 年 8 月 1 日参加工作

现任　四川达州大竹县邮政局投递部主任

　　　全国邮政系统劳动模范

但是，对何爱国劳动模范称号的质疑，始终不绝于耳："何爱国在家是个不孝之子，父亲临终都没见上一面。"

一个在工作中兢兢业业的员工怎么对自己的家人如此无情，怎么对自己的父母如此无义呢？汽车飞驰在达州至大竹的公路上，面对公路两旁的绿树、绿草，疑问久久不能消除。

四川达州邮政工会的鲁玉江，当晚就把何爱国介绍给了我。

见面的地点是个小饭馆，不大点儿的小饭馆，三五张桌子，倒也干净。刚刚落座，一个穿着绿色标志服、方脸庞、敦敦实实的汉子站在了我的面前，不用问，这是何爱国！

"你好，何爱国。"

我被一双大手握住，汗津津的大手传递出的是基层员工炽热的情谊。

"你好，你好。"他憨憨地点点头，腼腆写满整个脸上。

何爱国不谙言谈，我问一句，他答一句。也可能不熟悉的缘故，每次答话都是简单得不能再简单。

是。对。没有。还好……

我开始冒汗了。怎么能掏出这个汉子紧藏在心头的话呢？

俗话说：有酒没菜，不算慢待；有菜没酒，扭头就走。既然请客，烧酒是少不了的。三杯酒下肚，何爱国的脸上已经起了红，僵硬的表情和身板似乎也舒展了许多。从只吃酒不夹菜，到吃酒的间隙开始动筷。我知道，常年孑然一身的投递工作性质，把他们老实巴交的农民性格，进一步推向极限。闷头干活，不善表达，是相当一部分农民工投递员的外在特征。

随着一瓶酒下肚，谈资不知不觉多了起来。从桌上的饭菜到社会，从工作环境到家庭，何爱国似乎有说不完的话在表达。被何爱国淹没的近30年的工作生涯也渐渐清晰了起来。

原来，何爱国出生在一个投递员家庭，父亲干了一辈子投递工作，是个老投递。在方圆几十公里的大竹城乡，山山水水都留下了父亲的脚印。爱国从开始识字的那一天起，才知道贴在墙上的一块一块的带着图案的纸片，原来是父亲的奖状。

终于有一天，父亲走不动了。20 世纪 80 年代初，各行各业都处在青黄不接的尴尬之中。"子女顶替"成为当时的应急之策。何爱国从此穿上了和父亲一样的绿色标志服。就在何爱国接班的头一天晚上，他被父亲叫到里屋。不知就里的他，愣愣地站在那里，平时威严的父亲究竟要说啥？

父亲久患支气管病，近年来越发严重。正是这个病，使他无法再走下去了。父亲招招手，示意他坐下。一边咳嗽，一边吐出了何爱国至今都铭记在心的一句话：

天大的事，也不得脱班。脱班，邮路就断了。

这句话就像警钟，时时敲打着何爱国。从此，爱国沿着父亲走过的邮路，一走就是 30 年。他不仅从没有脱过班，就连每周的两天休息，也是在投递中度过。30 年来，他加班的天数，相当于 2000 个工作日！

领过加班费吗？

没有。

倒休过吗？

没有。

何爱国夹起一颗花生米放在嘴里，平静地说。

答案似乎已经清晰，但我的心依然困顿。

30 年的工作生涯，他把百万件的报纸和函件准确地投递到户，成为用户信得过的"绿衣天使"。他获得了用户的爱戴，也得到了单位的嘉奖。

6 年前，父亲因肺气肿住进了医院。一向孝顺的何爱国立即赶到医院去探望。刚一进门，父亲就发了火。满脸憋得通红的父亲大声斥责：不得脱班嘛！

母亲赶忙把他拉到门外：这里有我，不用惦念。有急事会通知你。

父亲在医院整整住了两年。2007 年底，医院报了两次病危，可执拗的父亲坚决不让母亲通知他。2008年，和疾病抗争多年的父亲，终于要走完一生，弥留之际，他示意要交代爱国什么，母亲发疯一样地找他，等他从投递段赶到医院，父亲已经走了，就这样静静地走了，没有给何爱国留下一句话。

这个敦实坚强的汉子，终于忍不住了，泪水喷涌而出，他的大手敲打着桌子，陷入极度的痛苦之中。此时的我，也已控制不住，泪水潜然而下。

如今，何爱国已成为大竹县邮政局投递部的主任，这个连副科级都算不上的岗位，何爱国干得仍然是那么执着和认真。第二天，又有一批新的员工要培训了，上课的老师就是何爱国。

翌日清晨，阳光洒满了权当教室的办公室。何爱国在一群穿着崭新的绿色标志服的年轻人面前讲着什么。我知道，讲话里一定有他父亲的教诲：天大的事，不得脱班！

29

邮票发行的那些事

——读刘建辉的三本书

刘格文

　　我欠老友刘建辉同志一笔账。建辉同志退而不休，勤勉笔耕，文章发了一篇又一篇，书出了一本又一本。先是有《见证跨世纪重大事件——我亲历的邮票发行与变革》问世，又有《情系方寸责所寄——原国家邮政局邮资票品司创新探索追忆》刊行。我本来早就应该写篇书评，但一来生性疏懒，二来身体违和，以致延宕至今。近日他的第三本书《邮史钩沉寻初心——邮票发行工作的实践与思考》即将付梓，各方面条件允许，也该还账了。

　　好书不厌百回读。建辉同志的作品好读、耐读，经得起反复咀嚼。对于它们的整体评价，已有李近朱、康宏志诸友著文在前，我如李白登黄鹤楼，"眼前有景道不得，崔颢题诗在上头"，不敢轻易置喙，姑且谈谈自己读书后的收获吧。

　　收获之一，领略了对邮政事业的责任担当。最典型的要算"连体玫瑰"事件的处理。时当邮电分家，国家邮政局开局元年："光杆司令"刘立清局长带着一枚公章、一部车子、一个秘书走马上任：90% 以上的资产分到了电信，80% 的职工分到邮政；河南封丘县邮政局成立当天，一位领导同志跳楼身亡……在这万事开头难的当口，一场"连体玫瑰"风波席卷而来，广大集邮者口诛笔伐，各路媒体一起发声，刚刚就任

194

邮资票品司司长的刘建辉及其同事们被打了个措手不及。他们没有回避，没有退缩。建辉同志这样写道："央视的报道，无疑是一记重锤。当晚，我失眠了……每天都被牵涉到连体明信片的漩涡之中。面对这样一个邮资票品发行混乱的局面，我深切地感到，不用重典，无法刹住当前纪律松弛的混乱局面。不进行公开的表态，国家邮政局无法面对社会的质疑。对内不进行一场自上而下的整顿，恢复正常秩序，大量的挤压下来的邮资票品发行与管理工作无法走向正规"。彻夜未眠，他"有了向国家邮政局建议的完整方案"。他和他的领导、他的同事们担当起自己的责任，从"连体玫瑰"入手，举一反三，大规模整顿，使邮资票品发行和管理的无序状态终于刹住了车。读着文章的叙述，回想当年的那场风波，至今犹感惊心。文章没有写到市场炒作的场景和众多参与者的心理。对于这些，我算是一个知情人。参与其中的许多人怀着一种矛盾的心理，既对"连体玫瑰"的出笼和某些地方的管理混乱满怀义愤，呼吁严肃处理；又希望这事闹得越大越好，社会舆论越关注，炒作的理由越充分，手里的东西越值钱。国家邮政局处理得力，化乱象于无形，市场的过分炒作自然归于平息。责任担当非止一端。给邮票选题定规矩，抓好北京世界邮展安保工作，连续7年下调邮票发行量，研究邮票市场、改善集邮经营，如此等等课题的展开和工作的落实，都见证了刘建辉及其同事们的事业心、责任感。

收获之二，看到了对集邮者的赤诚情怀。邮票发行者和集邮者是一对矛盾的统一体，谁也离不开谁，关系处理得好是朋友，处理得不好会出现对立。在现代传输手段飞速发展、信函业务大幅度减少的情况下，邮票作为邮资凭证的初始功能越来越弱化，邮票发行的主要面向已不再是用邮（即贴信等），而是集邮。尊重集邮者，靠拢集邮者，为集邮者提供全新的优质服务，是凝聚集邮队伍，搞好邮票发行工作的关键所在。从建辉同志的文章中，可以读到国家邮政在这方面的努力与探索。《关于2003年和2004年小版邮票的发行始末》就充分说明了这一点。建辉说这篇文章是应我的建议而写的，其实2003年和

2004 年小版邮票不仅为我所称道，而且深受广大集邮者的喜爱。甫一发行，便受到集邮者的喜爱和追捧，十多年来始终是市场的热点。这个版块所以获得巨大成功，正是听取集邮者意见、体察集邮者喜好、适应集邮者需求的结果。建辉同志书中写到的其他一些创新之举，如邮票个性化服务业务的推出，印刷叠色样张的策划，大团结版票的设计，庆祝"十六大"的纪票特发，全新面世的双连张、小本片、金箔张加字等，都是出于与集邮者意愿的亲密衔接。建辉同志有个好作风，喜欢和人沟通。我们新闻记者是他的座上客，需要宣传什么、怎么宣传，他有什么想法，大家有什么建议，听到什么反映，应该怎么改进，都是互相交流的内容。他和同事们还跟集邮者交朋友，向市场人士做调查，把各方面的意见作为邮票发行的重要参考。"敬人者，人恒敬之"。与集邮者保持良好互动，想集邮者之所想，供集邮者之所需，做好邮票发行工作就会有可靠的保证。多年在全国集邮联工作，对集邮者知之深、爱之切，这应当是建辉同志在邮票发行工作中贴近集邮者，为集邮者着想的一个合乎逻辑的延伸。

收获之三，读到了对热点事件的权威发布。集邮者收集的是邮票，但又不仅仅局限于邮票，而是对涉及邮票的方方面面都有着广泛的兴趣。特别是对那些不予公开或暂时没有公开的信息，更充满了好奇。于是，有些集邮者便对邮票的选题、设计、背景故事、发行量，以及版式、版别、纸张、油墨、齿孔、暗记等等，进行研究、推断、猜测，试图揭开背后的秘密。而出于多方面的原因，有些重要信息一直没有向大众公布，多年来始终处于朦胧状态，这就愈发增加了人们的探秘之心。建辉同志主政邮资票品司 8 年，掌握着邮票发行的种种"幕后新闻"和"内部消息"，可以说是这方面的头号权威人士。他在自己的书文中，利用这种独特优势，讲述了这些年的所历、所为、所见、所闻，披露了一系列重大题材邮票的策划过程及细节，对以往公开的邮票发行史料作了生动的补充，对人们议论已久的一些热点问题进行了解密、揭秘，这当然会引发读者的极大兴趣。例如，《"特 1M"邮票存世量之谜》，讲述了"特1M"发行的由来，指出"加字后的'特1M'对票，已经不是原先概念上的两枚小型张，而是纪念'新千年'三套系列邮票之一"。如果没有"特1M"，2000年的全年票就是不完整的。它的存世量有多少？300万左右。《关于"黄猴"》，讲述了赠送小版开山之作"黄猴"的缘起，透露它的发行量就是当年邮票预定量：392.2万。为什么不公布数量？"由于此款小版张属于赠送的品种，故不属于公布发行量的范畴"。《"红封"的诞生与造假》，讲述了"红封"到底是怎么回事，它的数量有多少？5000枚。它的实寄封有多少？"我在网上看到过几枚，但在纸质媒体上却始终未见其踪……据我所知，当天参加首发式的都是一些内部人员，他们没有对实寄封的爱好。在国家邮政局的小邮政所里，当天也没有收寄过、处理过'红封'。可以说，网上出现的实寄封都是做过手脚的，千万别上当"。《忆销毁"红军邮"的始末》，讲述了销毁"红军邮"的原因和经过，销毁了多少？3525325枚，精确到了个位数。《"猴票"设计发行过程中尘封的秘闻——"庚申年"邮票发行轨迹轮廓复原》，再次触及了延续30多年的大热点"猴票"发行量问题。1989年之前官方邮票目录公布的数量为800万枚，1990年我在《北京日报》发表纪实文学《猴票》，第一次在正规媒体上透露了另一个大大缩小了的数字：400万，当时还受到有关当局领导的诘难。经过集邮者不折不挠地研究、考证、探究、呼吁，邮票目录终于将"猴票"发行量修订为500万。然而，探索并没有终止，建辉同志在以往的基础上又开始新的追踪和研究。他翻找了官方大量的第一手资料，拜访了参与策划、设计、印刷的当事人，最后解开了悬疑，得出了令人信服的结论：原计划发行500万枚，检验合格入库4431600枚，比原计划减少568400枚。迄今为止，这是"猴票"发行量最精确的数字，最权威的释疑。信史信史，贵在"信"，难在"信"。班固推崇的修史原则是"其文直、其事核，不虚美、不隐恶，故谓之实录"。建辉同志的书文叫做"邮史钩沉"，恰恰遵循了"实录"精神。我们编修任何史书，都应发扬中国史学传统的这种"实录"精神。

收获之四，欣赏了邮票背后的真情故事。言之无文，行而不远。说话作文都要讲究艺术，富有文采，才更加吸引人。修史也是如此。司马迁的《史记》位居"二十五史"之首，被鲁迅誉为"史家之绝唱，无韵之离骚"，郭沫若则称它"是我们中国的一部古代的史诗，或者说它是一部历史小说集"。太史公的作品之所以流传百代而不衰，被史学界奉为圭臬和大纛，除了其史料价值，还有其文学价值。如何把史料性和文学性结合起来，是编修史书需要格外注意的。建辉同志在这方面做了有益的尝试。建辉同志是作家，创作过不少脍炙人口的文学作品。在这三本书中，他的文学功底得到了展示。写人、叙事、状物、抒情，都是那样的从容不迫，引人入胜。除了《鸡鸣驿掠影》《初识盂城驿》这样典型的散文佳品外，其他许多篇章也浸满了浓郁的文学味儿。《访美掠影》无疑是游记式的工作日志，《一张被遗忘的纸条》《胡乔木为集邮者签名》可以上故事会，《"米卢"和中国邮政有个约定》《难忘"7.13"之夜》《邮票见证"飞天"成功》《"非典"灾难十年祭》《不眠的五里河之夜》等篇，内容是邮票发行工作，体裁却是货真价实的纪实文学。我尤其喜欢那些描摹人物的文字。在他的笔下，袁运甫与《长江万里图》的故事，袁加与《黄河万里图》的故事，邮票发行局总设计师邵柏林与"天安门放光芒"、《知识青年在农村》的故事，梅葆玖讲述的梅兰芳的故事，陈铎被聘中国邮政荣誉职工的故事等，逐一娓娓道来，可谓精彩纷呈。即使没有单篇立传，而仅仅在文中顺便交代的人和事，也是涉笔成趣，令人击节。如黄永玉在袁运甫家中，微醺之下"醉书"牡丹图、泼墨梅花图，就把黄永玉的我行我素、奇思妙想，刻画得十分有趣。《脚步——王虎鸣邮票设计艺术轨迹扫描》，应该是建辉同志用心写作的重头作品。30年，100多套邮票，20多项最佳，两次在国际政府间邮票印制者大会上摘得最佳创新奖……这些惊人的数字，链接着一个人们耳熟能详的名字：王虎鸣。这个中国工艺美术学院的高材生是怎样走进邮票设计队伍的？他设计的第一套邮票《中国大龙邮票发行110周年》小型张是怎样获得成功的？被评选为中国设计界十大青年之后，他是怎样在邮票设计中求新求变的？两个国际邮票最佳创新奖《民间传说——梁山伯与祝英台》小本票、《唐诗三百首》小版式邮票是怎样设计出来的？一个个问号缓缓解开，给读者铺陈了一个有志者的成功之路。以人带史，以事叙史，"邮史"就这样被"钩沉"出来。无疑，建辉同志是个会讲故事的人。

　　由建辉讲故事想到一个相关的问题。我们的不少邮政工作者和集邮家经历丰富，肚子里装满了故事，但是不愿意讲，或是不善于讲。原邮票发行局宋兴民局长，人称"大老宋"，是有名的故事篓子，然而老爷子"述而不作"，甚至是既不述又不作，随着人的故去，数不清的故事也随风而逝。邮票设计大师孙传哲是新中国邮票发行的活档案，他有心把故事讲出来，曾把我找到家里专门谈了一次，可惜他地方口音太重，我的听辨能力太差，谈了两个小时愣是没听明白几句话，也就没能帮他写点东西。后来还是请蔡旸同志出马，写了一本传记式的书，记述了老人家的邮票设计人生，才算弥补了一件缺憾。这些年来，我读到过一些类似集邮回忆录的优秀书目，前有姜治方《我的集邮道路》，后有孙少颖、李曙光、李近朱、林衡夫等师友的著述，他们的一个共同特点是善于讲故事，让人读起来兴致盎然，深受启发和教益。这样的书不愁没有读者，不愁卖不掉。我希望有条件的人都来加入讲故事的行列，多一些史料性与文学性并存、思想性和可读性兼具的集邮书文，不要再产生"大老宋"老爷子那样的遗憾。

叙邮事 · 匡邮风 · 书邮情

——读刘建辉《邮史钩沉寻初心》

李近朱

（一）

当下，传统通信正面临着信息时代的严峻挑战。

邮政及其重要构成：邮票和集邮，正在创新中砥砺前行，以实现新的开拓与大的发展。在新时代邮政开拓与发展的诸多举措中，回望邮政过去时日所体现出的大优势，以为镜鉴；观顾邮政今日所彰显出的新亮点，以为助力；则是为至关重要。

于是，在"钩沉"之中，过往的"邮史"便有了现实的意义。因为，这是在传统的通信领域去寻觅邮政的"初心"。而近距离的邮政今日情状，则正是"初心"在现实中的一种延宕与续接。

于是，案头上的这本叫做《邮史钩沉寻初心——邮票发行工作的实践与思考》的书，仅只是初览书名，便能体悟出作者是以大视野大格局，对于邮政及其主要构成：邮票和集邮的历史与现实，进行了记录、思考与探究。

近年，作者从审视历史与现实的视角，已经出版了两本同一类型的书《见证跨世纪重大事件——我亲历的邮票发行与变革》和《情系方寸责所寄——原国家邮政局邮资票品司创新探索追忆》。诚然，作者曾从事中国邮政的邮票和集邮部门的主管工作，身踞此职方给他带来了深入

思考与缜密梳理邮政课题的开阔空间。但重要的是，能够撰写和撰写好这三本邮书，关键还是在于作者以高度的社会责任感和使命感，在经年不辍的思考以及经年累积的第一手资料中，才向邮政也向社会奉献出了这三本关于邮政过往与现实的书。

于是，前两本书和这本新书，就有了其他作者与著作所不具的深度、广度与特色。在这本新书中，我们看到了他是以"初心"这个既旷远深刻又生动鲜活的视角，布局了广阔的命笔界域，那就是：邮事、邮风与邮情。

（二）

不争的事实是，近年来由于信息时代现代通信手段的冲击，使作为邮政行业主体构成之一的邮票，其自身"邮资凭证"功能，已渐行嬗变为以集藏功能为主的文化藏品了。但是，作为"国家名片"，中国邮政所发行的邮票，依然以严肃的选题、精心的设计和精湛的印制，直面于世。

在这本书中，"邮事"是指作者所叙说的众所未知的许多关于邮票发行的信息，也就是邮票背后的故事。真实而翔实地披露一些邮票面世过程的第一手资料，使得此书既具有可读性又蕴涵着史料性。比如作者在第一本书中首次宣示的诸如 1980 "庚申年"生肖猴票等新的信息之后，经第二本书，再到这本"寻初心"之作，关于邮票发行的种种"邮事"，便成为"邮史钩沉"的叙说主体。

在这本书中，继第一本书中关于猴票的新信息，特别是关于发行量的考证之后，这本书又有题为《往事不能如烟》一文，诚如其文副题所示，叙说了"'猴票'发行过程中不为人知的背景和细节"。如文中写到："1979年 11 月 12 日，邮票发行局'关于《庚申年》特种邮票的订印函'紧急下到北京邮票厂。为了不影响发行，邮票发行局当时真可以用'火急火燎'来形容。文件如下：主送：北京邮票厂。文号：（1979）票发字第 58 号。我局特请黄永玉同志设计的《庚申年》特种邮票，业经邮电部批准，并定于明年春节前发行，现请你厂印制。详情如下：《庚申年》特种邮票，志号 T.46（1-1）1980。邮票面值 8 分，规格 26×31 毫米，印量 500 万枚，雕刻影写印制"。更鲜为人知的是，文中还写到了黄永玉也想一试"猴票"雕刻的细节："黄永玉是位美术家，也是木刻家，特别擅长小型的砧板刻。他听说《庚申年》采用雕刻版印刷，就想亲自操刀试试。邵柏林请他到邮票雕刻室看看，当他看到雕刻师要伏在放大镜下，屏住呼吸在钢板上雕刻，完全是另一种功夫，遂作罢"。

在这本书中，关于邮票发行的种种叙说，是全书令人关注的一个聚焦点。其中《关于 2003 年和 2004 年邮票小版的发行始末》《一枚邮资信卡引发的风波》《热血洒大地　方寸铸英魂——我党我军早期领导人邮票的发行始末》《〈中国人民解放军大将〉纪念邮票发行始末》《"知识青年在农村"邮票设计始末》《突围——第三轮生肖邮票策划记》等文章，展示了许多新邮发行背景中的新信息。

特别是人们关注的邮票发行中"邮票设计"这个关键环节，基于时下群众对于邮票设计质量的忧思，这一题目在书中则着墨甚浓。作者在任期间，曾主持的两届"邮票图稿评议委员会"，成为早前多年精品邮票频出的一个专业化保证。邮票设计印制领域的专家和集邮家，以及高端介入的社会上著名艺术家如华君武、靳尚谊、袁运甫等人组成了评委会，在对于邮票设计图稿以不示作者署名的公正和严格的评判中，使得那一阶段邮票设计的艺术质量得以保证，得到提升。在书中，作者以《邮票发行工作的'兰德'现象 ——记邮电部邮票图稿评审委员会的创立》《从一次会议纪要看邮票图稿评审》《一切为了文献史料的准确——从林丰年先生的一封来信说起》等文章，追溯了目前已经名存实亡的"邮票图稿评议委员会"当年的创立过程，以及卓有成效的工作情状和留有历史性记录的一些细节。这些在"钩沉"中浮出的也算是历史的信息，是邮票发行中鲜为人知却又有着重要作用与意义的一段历史，是在邮票发行中不可忘却的为中国邮票设计做出重要贡献的一段历史。而今，这个有专家参与的长达 20 余年的邮票设计的"黄金时段"被割断了，致

使近年来邮票的设计水平和质量大不尽人意。

在关于"邮事"的叙说中，作者还对于中国古典邮票作了具有学术价值的回顾与思考。2018年，在中国第一套邮票"清代大龙"邮票发行140周年的日子里，书中收录了作者撰写的题为《拉开中国邮票发行的序幕》，以及《国邮瑰宝　珍重传承——大龙阔边五分银全张和红印花小字"当壹元"四方连的传奇经历》和《由红印花加盖想起的》等文章。作者的这些文字从邮学的专业角度以及世界邮展组织者的身份出发，留下了关于中国古典珍邮在现实中的历史轨迹。这些文字也以"寻初心"的高度，对于属于文物的中国古典邮票的遗存，作了生动的"钩沉"，使之在今人面前再焕发出历史所内蕴的光彩。

（三）

如果说，在这本书中"邮事"的叙说是一条主线，那么，更有力度的是，作者在这些纸页中又以犀利的笔触，嵌入了关于"邮风"匡正这一重要命题。

当前，随着市场经济的高速发展，在邮票流通领域也泛起了沉渣残垢。假邮票的制造与泛滥，严重地冲击了中国邮政的严肃的"国家制造"，深重地损害了"国家名片"的纯洁性，也危及到了广大消费者和邮政自身的利益。作者以严正的立场和强烈的责任心提出："假邮票挑战中国邮政底线"。同时，他也回顾了早前十几年邮票主管部门对于打击和杜绝"假票"的一些有效措施，收录了《把防伪的武器交给老百姓 ——原国家邮政局邮资票品司加大邮票防伪力度的思路》等文章。这些尖锐的文字不仅从方式方法层面，而且从战略高度论说了关于邮票的"防伪"和"打假"。

特别要说的是，近年来"假票"猖獗，屡禁不止。作者在北京进行了调查研究，以详尽的数据，有说服力地揭示出了触目惊心的"假票"乱象。如"在通州区几个支局和海淀区世纪城支局所辖的10几个邮政信筒中开取出大量的贴票平信，后经鉴定全部为假邮票，5000余枚，面值总计7000余元，10余种图案"。"推而广之，那么全国各地5万多邮政支局所收进来贴有假邮票的邮件究竟有多少呢？恐怕数字相当惊人了"。

据此，作者撰写了给中国邮政主管领导的报告，并很快得到批复，这才开始了至今正在进行的正式"打假"行动。这份报告就是收录在本书中的《假邮票挑战中国邮政底线》这篇文章。作者在这份报告中缜密而详尽地提出了关于"打假"的6条建议，最后以深情的文字作为结尾："以上建议恕我冒昧直言，不妥之处望海涵谅解。但这是一个老邮政工作者的肺腑之言"。

作者维护"国家名片"纯洁性的责任感和使命感，不仅诉诸于笔下的文章，而且促成了"打假"的实际行动。在这本书中，关于"打假"这一部分的文字量虽然不大，却是分量很重。因为，这是匡正"邮风"乃至社会风气的一些具有战斗力的檄文。与作者的已出版的前两本书相比较，关注现实的力度使这本书更具鲜明尖锐的贴近感和执行力，也使这本书带有了责任与使命的力量。

（四）

在《邮史钩沉寻初心——邮票发行工作的实践与思考》这本书中，作者作为历史的深沉叙说者和现实的关注者，为读者构筑了以"邮"为核心的信息的和观点的平台。在这本书中，"邮事"与"邮风"这两个部分，几占此书大部篇幅。这些文字大多是相对冷静沉稳的娓娓道来，或是语锋犀利的喷张直斥。作为一个邮政工作者，这是向着邮政业内也向着社会的一个延伸性的叙说与评说。与之形成对比的是，在这本书中作者还书写了另样一些文章，那是以富于情感色彩的温润文字表述了和抒发了深深"邮情"。

在这本题为"寻初心"的书中，只要看到这样一些题目，如《'青鸟'赞》《致敬，浙江邮政作协》《圆》《北极村邮局的姐妹们》《嘱托》以及《童年的快乐》等，就不难看出作者是将自己怎样强烈的情感，给予了他终生从事的神圣的邮政事业。

在奔赴遥远的北极村邮局之后，他以"急就章"速度写下一篇充满情愫的抒情文字。在这本书的序言中，他记叙了这些情溢笔底的文字是怎样诞生的："北极村的夏天，是个繁忙的季节。盖一枚北极村邮局的邮戳，发一封从祖国最北端寄出的信，这是几乎所有到北极村来的游客离开前必不可少的功课。邮政支局是清一色的娘子军，为了圆所有游客的这个愿望，往往送走了最后一位用户，时针已经划过23点。年岁最小的营业员妈妈，有个一周岁的娃，往往一忙，喂奶大事居然被忘得一干二净。这么一群娘子军，就像烙铁一样，深深印在我的脑子里。回到北京，就像有一条鞭子抽着我，督促着我，让我不能自拔。第二天，反复冲撞大脑的一个一个娘子军成员，终于演化为三千多字的一篇文章。当打完了键盘上最后一个汉字，身心才豁然被释放"。

文章写成了，情感释放了，这还远远不够。作者又以强烈的使命感写下一段文字，表达了他的情系北极村的又一举措——"我想，邮政基层有这么一支娘子军是值得骄傲的。她们的事迹不知道邮政的高层是否知道？她们的事迹能不能在全国邮政部门中进行一次宣传？曾经搞过3年邮政工会工作的我，看到这样优秀的基层班组，推荐评优创先的职业病又犯了。文章落笔后，立马给中国邮政集团公司的党组书记、总经理李国华写了一篇推荐信"。当然，祖国最北端的这群邮政人得到了她们应当得到的荣誉。这既是她们的感人事迹所奠定的基础，但也有赖于作者充满情感的举荐和推介。这段佳话与其说是写出来的一篇文章，不如说是一个邮政工作者对于邮政事业有着毕生深挚情感的表露。

当然，冠以这部分文字之首的那一篇"童年的快乐"，则是一位北京"老炮儿"对于故土的深情回忆。特别深入心腑的，是他的童年时代那充溢着氤氲地气的乡俗。作者以生动融情的文字，一个字一个字地蹦出了地道的"北京味儿"。这些文字虽与邮政距之较远，却投射出了作者扎根故土、服务邮政的"初心"之始。从深一层的涵义来看，这个回溯到了作者童年的"初心"，实质上是一份紧系故土的"乡愁"。这个挥之不去的情结，往往扎根在人的一生中，成为他毕生种种正能量的思

想与行为的一个源头。因此，对于这篇情感充沛之美文，我视之为道出了作者一生创造与成果的根由。这也便是"初心"的最重要的价值。

（五）

翻开这本以绿色邮政为题旨撰写的《邮史钩沉寻初心——邮票发行工作的实践与思考》，人们看到，作者从邮政的主体构成：邮票和集邮这个视角，将中国邮政百余年来和新中国邮政近70年来的闪光轨迹，留在了历史册页上。这本书在引领人们进入或远或近的历史之刻，在看到作者以文字精心作出的"邮史钩沉"之际，还可以感悟到作者所构筑的离我们最近的现实，那是一屏展现出邮政更为精彩的火热页面。

于是，在这本书中，历史与现实形成了一个必然的链接与延续，让读者游走在时空的两极与两端。既认知了浩远的史迹，也感受到了那种和邮政自身特征一样的"面对面"式的亲近。同时，在阅读之中，又会在认识与认知、感受与感悟、思想与行为之间，渐次有了一种可贵的升华与向上的进阶。

于是，在书名中所出现的最热的"初心"那两个字，就不仅仅是一种时下的时尚应合，而是从邮政角度解析了"初心"的更深蕴涵，更真切地让人们领悟到，"初心"既是过往的历史，又是热气腾腾的现实。

在当下的信息时代，邮政、邮票、集邮这个看似有点落入"夕阳"的地平线，似有了那么一点渐行渐远的消失感，但因有了其"初心"的牢固根基，便会有将所谓"危机"化为前景"无限好"的种种机遇。就像曾经的"夕阳工业"——"铁路"一样，创新发展出来的今日"高铁"，又焕发出了强大的现代动力，以至影响时代，延宕千秋。虽然作者没有专文论及邮政发展的大形势大趋势，但对于邮政内部的青年人，以及对于社会上那些对邮政、邮票、集邮的"初心"尚未认知或感悟不深的人，《邮史钩沉寻初心——邮票发行工作的实践与思考》这本书会引领他们在邮事叙说、邮风匡正和邮情书写之中，在由此所构成的"邮史钩沉"之中，去寻找再造邮政历史性辉煌的那一颗宝贵的"初心"。

后记

这本书的名字，几乎是最后一刻才确定下来。之前，在相当一段时间，已经酝酿了好几个书名，在和编辑部沟通的过程中，又总感觉欠点火候。就这样一拖再拖，一周过去了，一个月过去了。有一句流行语，"时间都去哪儿啦？"没错，看似宝贵的时间，就这样不经易间悄悄溜走了。

书名，是一本书的窗户，是一本书的魂。书名在一本书中的作用，恐怕说得多重要也不为过。名字起得好，你不用推荐，读者的心就像痒痒挠，不买也要围着书转三圈。春节前的最后一天，经和刘劲主编反复沟通，在美编已开始排版的当儿，书名才算搞定：《邮史钩沉寻初心——邮票发行工作的实践与思考》。

不忘初心，成了这几年公共媒体上出现频率最高的词。在庆祝中国共产党成立 95 周年大会上，习近平总书记说："全党同志一定要不忘初心、继续前进，永远保持谦虚、谨慎、不骄、不躁的作风，永远保持艰苦奋斗的作风，勇于变革、勇于创新，永不僵化、永不停滞，继续在这场历史性考试中经受考验，努力向历史、向人民交出新的更加优异的答卷！"在瞻仰上海中共一大会址和浙江嘉兴南湖红船时，习近平总书记又一次强调，事业发展永无止境，共产党人的初心永

远不能改变。唯有不忘初心，方可告慰历史、告慰先辈，方可赢得民心、赢得时代，方可善作善成、一往无前。

"初心"一词，说简单就简单，说复杂就复杂。如果用一句简单明了的话概括，就是理想、信念、宗旨；对于我们党来说，就是最高纲领和奋斗目标。所以，习总书记反复强调的初心就是激励共产党人时刻牢记使命和担当,确保我们党永葆旺盛的生命力和强大的战斗力。

作为一个老邮票工作者，作为一个已经退下来的赋闲之人，为什么还要寻初心？究竟从事邮票工作的初心是什么？怎么才能做到不忘初心？这正是本书要探索的问题。从 20 世纪 90 年代以来，互联网的快速普及大大缩短了"地球村"村民的距离感，互联网思维不仅深刻地影响着整个世界，也在颠覆一切看似合理的思维方式和旧有秩序。私人函件的大幅萎缩和曾让集邮者引以为自豪的"王者之爱好，爱好之王者"的迅速流失，给了各国邮票发行事业狠狠一击。各国邮政主管部门面对这突如其来的变化，仓促应战。人们不得不静下心来认真思考：邮票的使命究竟要不要坚持？在形势发生巨大变化的今天，邮票发行的长期遵循的一些原则还要不要坚持？邮票选题的征集方式、选题的遴选还要不要坚持？重大选题广泛征求意见与专家的论证相结合的方式还要不要坚持？注重邮票艺术水平的高标准，坚决不搞"关系学"、不搞"私人授受"，还要不要坚持？实践证明行之有效的由"两个委员会"专家把关的机制还要不要坚持？那么，这些答案在哪儿呢？我想，读者还是在文章中寻找初心吧。

在这本书即将付梓之际，我要感谢一个人，这个人为这本书的编辑出版做了大量的工作，是名副其实的幕后英雄，这个人就是苏萌。还要感谢的是为我的三本书设计了独树一帜的图书装帧的邮票设计家王虎鸣。王虎鸣的设计特点就是标新立异，他的作品总有让人相见恨晚的感觉，是我一向喜欢的设计风格。我衷心希望虎鸣在后 30 年的创作中，继续保持不断总结、不断思考、不断创新的脚步，为我们伟大的祖国和伟大的人民创作出更多的优秀作品。

格文老兄是我多年的好友，他从岗位退下来之后，一直在调养身体，鲜有邮文面世。在本书即将出版之际，格文亲赠鸿文一篇，为本书增光添色，弟谨致谢忱。遥祝正在享受沙滩、阳光、海水的格文兄养精蓄锐，放回南山马，取回库里枪，为中国的集邮事业，重新抖擞，再搏一回！

　　近朱先生与我相识整整30年了。爱好于集邮，相识于集邮，携手于集邮；爱好于影视，相识于影视，携手于影视。集邮与影视创作犹如平行的两条线，时而交叉，时而贴近，这就是我们合作的真实写照。他是个大忙人，也是个快手。这不，大年初三，我们的一次拜年通话，促成了近朱的一篇美文。

　　书中承蒙不少朋友提供了非常精彩的图片，美编的精心设计也为这本书添了彩，在此一并致谢。

后记

2018 年戊戌春节